願いをかなえる
シンクロニシティ
を起こす方法

見山敏
SATOSHI MIYAMA

THE WAY OF MAKING SYNCHRONICITY WHICH GRANTS YOUR WISHES

SOGO HOREI PUBLISHING CO., LTD

はじめに　奇跡の偶然「シンクロニシティ」が願望を叶える

素晴らしい出来事が起こる前、大成功する前、夢が叶う前……。

必ず不思議な**「奇跡の偶然」**が起きる。

「問題点の解決策が、偶然本棚から落ちてきた本に載っていた」
「たまたま迷って行き着いた街の風景をヒントに、アイディア商品が生まれた」
「人数合わせで出席したパーティーで、事業に出資をしてもらえる人と出会えた」

こんな偶然を自ら起こし、チャンスをつかむことができたら、人生は思うままではないだろうか？

この本では、あなたに「奇跡の偶然」を起こす方法、そして願望の叶え方をお伝え

しよう。

一見意味のない出来事が、本人にとって重要な意味がある「偶然の出来事」によって重要な気づきを得られる現象を、心理学者カール・グスタフ・ユングは、「**共時性＝シンクロニシティ**」と名付けた。

その「偶然」は、その時は、まったく意味をなさないことかもしれない。

しかし、この偶然のおかげで結果的に大成功した……と多くの成功者は語るのだ。

ちょっとしたシンクロニシティは、誰でも経験したことがあることだろう。

「引き出しの整理中、学生時代の友人の写真が出てきて眺めていたら、その友人から電話がきた」

「お昼に中華を食べたいと思っていたら、同僚に中華を誘われた」

「喉が痛いと思って道を歩いていたら、試供品配りからアメをもらった」

なぜ、そんな不思議な現象が起こるのだろうか？

私たちの中には、過去の祖先たちの遺伝子情報がすべてつまっているという。そして、潜在意識の底では私たちはつながっていて、さらに宇宙意識ともつながっているのだ。

つまりシンクロニシティとは、人類のすべての叡智《えいち》の宝庫である**宇宙意識が私たちに教えてくれるメッセージ**なのである。

宇宙は、あなたに常にメッセージを与える準備はできているのだ。

それを起こすのも、そしてシンクロニシティをきっかけに、大成功までもっていくのもあなた次第なのだ。

私もこのことを知った時は、びっくり仰天したものである。

私は工学部出身である。少なくとも理系の人間だ。以前なら「たまたまだよ」と、取り合わなかっただろう。しかし、あるきっかけで心の世界に踏み込み、興味を持ち始めてから、私の人生観は一変した。

なぜなら、これから述べるシンクロニシティをたくさん経験してしまったからだ。

この本を手にしたあなたもすでに、あなたを大成功へと導くシンクロニシティを起こしている。

さあ、これからあなたに大成功してもらうために、話をすすめていこう。

願いをかなえるシンクロニシティを起こす方法◆目次

1章　人生を好転させるシンクロニシティ

2章　シグナルを受け取れる成功体質をつくる

3章　チャンスを確実につかむ習慣

4章　イメージ法でシンクロニシティを次々起こす！

装丁：田中正人
イラスト：菅原健次
組版：横内俊彦

1章

人生を好転させるシンクロニシティ

The Way of Making Synchronicity which Grants Your Wishes

大成功する時、あるシグナルが起こる

◆成功者が語る共通の言葉

一代で事業を発展させてきた人、
大病を克服した人、
素晴らしい結婚生活を育む人、
幼少の夢を見事に叶えた人、
地位や名誉を手に入れた人、
膨大な財を築いた人……。
そんな大成功を成し遂げた成功者たちが、決まって語る〝**共通の言葉**〟がある。

「今あるのは、私の力ではありません。

ある不思議な出来事によって、ここまで来られたのです。

どうも、**奇跡の偶然**としか言いようがありません」


「不思議な出来事」「奇跡の偶然」……何でも計算でき、合理的に説明できる科学万能の時代に住む現代人にとっては、はなはだ腑に落ちない回答であるかもしれない。

しかし、ここにこそ**願いを叶え、人生を好転させる秘訣**が隠されているのである。

◆願望達成シグナル

この多くの成功者たちが語る「奇跡の偶然」とは、**大成功を成し遂げる経過中、たびたび起こる現象**なのだ。

そしてこれこそが、私たちの幸運、不運を左右するものであり、未来の輝かしい成功を手に入れるために必要な出来事となるのである。

また、それと同時に何か抜き差しならないと思われる現状や、決して解決できないと思い込んでいた問題事さえも、一気に打破してくれる出来事でもあるのだ。

このような一見意味のない、関係ない出来事だが、本人にとって重要な意味がある「偶然の出来事」によって、重要な気づきを得られる現象を、心理学者カール・グスタフ・ユングは、「共時性＝シンクロニシティ」と名付けた。

この、いくつかの信じられない奇跡の偶然である「シンクロニシティ」が目の前に起こり始めたなら、その先には必ず輝かしい成功が待っているのである。

つまり、成功するためには、いかにこの奇跡の偶然であるシンクロニシティを頻繁に目の前に現実化させることができるかが大きなポイントとなるのだ。

そう、**シンクロニシティは、願望達成を予告するシグナル**なのだ。

◆奇跡を起こす心の法則

実は数々の成功をおさめた先人たちは、〝ある成功の秘訣〟を見事なまでに活用してきた。そして、シンクロニシティを起こしてきたのである。

この秘訣を意識的に活用してきた者もいれば、自然の流れと共に身につけてきた者もいる。

そして、その秘訣を信じて実行してきたからこそ、大きな財を生み、自ら設定した夢を叶えることができたのである。

過去の成功者同様、大成功のきっかけとなるシンクロニシティを次々に引き寄せることができれば、あなたにも必ず輝かしい未来や胸踊る出来事が訪れるのである。

いかがだろうか？　あなたもきっとこの秘訣を手に入れたいと思ったことだろう。

実はこの秘訣を手に入れるのは、**すごく簡単なこと**だ。しかも嬉しいことに、**誰にでも平等にそのチャンスは与えられている**のである。

今すぐに手に入れたいと願っても、何も膨大な資金を投じたり、競争率の高い資格を取得したりする必要はまったくない。

ただ少しだけ、**あなたの意識を変えてあげる**のだ。今ある考え方、感じ方を少し変えるだけでいいのである。

つまりその秘訣とは、すべては〝**あなたの心の中の条件のみが左右する**〟ということなのだ。

そして、シンクロニシティを生み出すちょっとしたコツさえつかみ、あらゆる場面でそれをいかすことができたなら、きっと奇跡が訪れる。

つまり、将来「成功を逃す生き方」を歩むか、「成功をつかむ生き方」を歩むかどうかは、**あなた次第である。「あなたが変われば未来が変わる」**のだ。

もし、あなたがこの法則を知り、明日からの生活にいかすことができたなら、きっと輝かしい成功を手にすることができるだろう。

そして、今以上に自分の中に**秘めたる能力を開花することもできる**はずだ。

人生は決してあきらめるものではない。心からエンジョイするものだ。「成功をつかむ生き方」を楽しもうではないか。

成功者たちの誰もが経験するシンクロニシティを、あなたもあらゆる場面で頻繁に経験することができたなら、きっと大成功することができるだろう。

それが、成功する秘訣でもあり、不思議な心の法則でもあるのだ。

シンクロニシティ3つのステップ

◆不思議な偶発的出来事

成功の兆し、願望達成の予告信号、シグナルとも言えるシンクロニシティについて少し説明していこう。

どう考えても考えられないようなことが、偶発的に起きることがある。

神秘的でかつ、不思議なことは現実にいくらでも存在する。

この世の中には人知を越えたことは実に多い。人生には、何か目に見えない大いなる力によって操られているようなことがたくさん起きている。

これをすべて他力的に発生する「単なる偶然」として片づけることはできない。

そう、これらすべてが私たちを大成功へと導く「シンクロニシティ」の仕業なのである。

このシンクロニシティは、夢実現のきっかけをつくってくれる。

たとえば、成功を勝ち取るために必要なヒントやアイディア、そして情報を与えてくれる。また、運命を変えるかけがえのない人物を巡り合わせてくれたりもする。

この一見偶然に思える夢実現のシグナルだが、実は**あなた次第で引き起こすことができる**のである！

◆3種類の偶然

このシンクロニシティは次の3段階で起きる。

ステップ1……日常的な偶然
ステップ2……感動的な偶然
ステップ3……運命的な偶然

まず、第一段階であるステップ1の「日常的な偶然」は、大半の人たちが経験したことがあるだろう。

急用を伝えたい友人に電話をかけようと思い電話を手にした途端、その相手から電話がかかってくる。

会社のお昼休みに話題にしていた、このところめっきりテレビで見かけなくなった昔なつかしい芸能人がテレビのチャンネルをひねったら偶然出ている。

なかなか思い出せない本のタイトルが、たまたま開いた雑誌の広告欄に出ている……。

このような、日常生活の中で「なんとなく必要だな」と感じる**軽い疑問や問題を解決**してくれるのが、このステップ1の「日常的な偶然」と言える。

次の第二段階であるステップ2の「感動的な偶然」は、ステップ1の「日常的な偶然」に比べて、**より感動的な偶然**と言える。

例えば、次のようなことだ。

前々からほしいと思っていたコンサートチケットが偶然手に入る。

コンピュータが故障して修理に出そうと思って保証書を見たら、なんと保証期限の1日前。

たまたま前に並んでいた人がキャンセルしたおかげで、満席だった航空チケットを購入。

お得意先に重要な書類を届ける途中、急な用事が入り帰社することになったが、たまたまそのお得意様の担当者にばったり出くわし書類を手渡すことができる。

たまたま慰安旅行の景品としてもらった宝クジが当選……。

このような、あなたに**時間的にも経済的にもメリットを与えてくれる偶然**が、ステップ2の「感動的な偶然」である。

そして、第3段階のステップ3の「運命的な偶然」は、**運命を変えてくれるほどの偶然**と言ってもいいだろう。

たまたまテレビで見た情報でひらめきを得て、それを事業化したら大当たり。

ばったり町で再会した知人に、たまたま紹介された人が独立時に大きな支援をしてくれる大スポンサーとなる人に。

パーティーでなんとなく挨拶を交わした人が、その後のひょんな再会がきっかけとなり一生の伴侶となる……。

こんな最大な幸福を授けてくれるのが、ステップ3の「運命的な偶然」である。

これこそが、まさに**大成功の兆しでもあるシンクロニシティ**と言ってもいいだろう。

ステップ2までの偶然であれば、大半の人たちが1度や2度は経験したことがあるかもしれない。

しかし、このステップ3となると、なかなか経験できるというものではない。

このステップ3の「運命的な偶然」が頻繁に起こり始めたら、大きな成功というゴールはもう目の前まできていると言っていい。

◆大成功は3段階でやってくる

それでは、どうすればこの大成功に導くステップ3のシンクロニシティを起せるのか？　それには、ステップ1、ステップ2のシンクロニシティが重要になってくる。

ステップ1の「日常的な偶然」が頻繁に起こり始めたら、次にはステップ2の「感動的な偶然」があなたの目の前に起こり始める。

そして、ステップ2の「感動的な偶然」が頻繁に起こり始めたら、次には最高の偶然とも言えるステップ3の「運命的な偶然」が目の前に起こり始めるのだ。

私も今まで多くのシンクロニシティを経験している。

「あの人どうしているかな?」と思っていた人と、電車の中でばったり出くわすなんてことはざらにある。

また、講演で招かれた企業のイベントや祝賀会でも、クジ引きがあると決まって何か賞をいただく。

妻と共通の趣味であるクラシック音楽の話をしていて「今度機会があったらオーケストラでも聞きに行きたいね」と話をした翌日に、たまたま町で引いた福引きでクラシックオーケストラのコンサートチケットが当たった。

あなたに大成功をもたらす「シンクロニシティ」の3ステップ

ＳＴＥＰ１.日常的な偶然

軽い疑問や問題を解決してくれる偶然。またこの偶然が起こったからといって、特に何の変化も起きないように思われるようなこと。

（例：Ａさんのことがちょうど話題にあがっていたら、偶然Ａさんから電話がはいった）

ＳＴＥＰ２.感動的な偶然

この偶然が起こることで、時間的にも経済的にもメリットが得られ、ちょっとした感動をもたらす。

（例：ある本を買おうとしていたら、偶然その本を知り合いからもらった）

ＳＴＥＰ３.運命的な偶然

運命を変えてくれるような偶然。人生の転機にもなるような幸運をもたらす。

（例：友人の代理で行ったパーティーで、同じくたまたま代理で来ていた後々結婚する相手と出会った）

夢の実現
大成功
バラ色の人生に‥

そして、なんと言っても心の法則を使って引き起こした最大のシンクロニシティは、私の独立のきっかけともなった処女作、『信念の奇跡』（こう書房）を出版できたことである。この本の出版にいたっては驚くほどにトントン拍子に話が進み、まさに運気上昇の波に乗っているかのようであった（詳細については後述する）。

独立してからも、今日に至るまで決して順風満帆ではなく、いろいろな問題や壁にもぶつかってきた。

しかし、そんな時でも数々のシンクロニシティのおかげで、何度助けられたことだろう。

ある時は、目の前の問題を解決するために必要な人物と引き合わせてもらい難をのがれ、またある時は、成功に役立つあらゆる情報を手にすることができたおかげで、飛躍的に業績を伸ばすこともできたのだ。

それもすべてシンクロニシティの仕業なのである。

心の法則で「人・物・情報」を引き寄せる

◆同調の法則

シンクロニシティは、私たちを大成功へと導く人・物・情報という素晴らしい財産を与えてくれる。

いかにこのシンクロニシティを引き起こすことができるかで、あなたの人生も変わってくるのである。しかも、ちょっとしたコツでこのシンクロニシティを生み出すことができる。

その秘訣は、**あなたの意識を変えてあげる**ということだ。

心の想いは、電波であり磁波である。

波動である電波や磁波は、「同調の法則」、「共振の法則」が働く。

つまり**同じような波動を持つ、同じような人を引き寄せる**のだ。

これが心の法則である。

それは、生まれた環境、財力、地位、成績などは関係ない。いい人・物・情報を手にすることができるかどうかは、すべて心の中という内部の条件にあるからだ。

◆協力者の力は成功を加速させる

人は決して、たった一人では大きな成功をつかむことはできない。

しかし、たった一人のかけがえのない人物との出会いから、大きな成功をつかんだ人たちは世の中に大勢いる。そんな将来を大きく変えるような出会いをつくってくれるのも、シンクロニシティの仕業なのである。

そして多くの協力者の力によって、何倍にも何十倍にも大きな成果を生み出すことができるのである。

人の出す磁力（想い）は、同じような人・物・情報を引き寄せる。もし、あなたがいい磁力（想い）を発し続けていれば、必ず多くの有能な「社員」（人・物・情報）を引き寄せることができる。

それは時には、大きな成功を生み出すためのひらめきやアイディア、インスピレーションという形であなたのもとへやって来ることもあれば、かけがえのない伴侶や、将来、能力を引き出してくれるような大物であるかもしれない。

「あの時の○○君のアイディアがなかったら、今の私の成功はないだろう」

「不思議なご縁でこの会社に就職したおかげで、自分の才能を発揮することができた」

「周囲の援助で、ここまでの成功を手にすることができた」

「ふっと浮かんだひらめきがきっかけで、このヒット商品ができた」

「あの時に○○氏が私を引き抜いてくれたおかげで、今の成功があるのです」

何か不思議な力で引き寄せられた多くの人・物・情報によって、成功はつくられていくものだ。

「社長」であるあなたの考えや理念が変われば、多くの優秀な「社員」（人・物・情報）が、次々にあなたの元へ面接にくるのである。

例えそれが、現状では決して手に入らないと思い込んでいた物や、決して知り合うことなどない雲の上の存在だと思っていた人物でさえも、引き寄せることができるのである。それがシンクロニシティでもあるのだ。

多くの優秀な協力者たちは、あなたの大成功を願って、あらゆる支援をも惜しまないであろう。

時には、あなたの将来の成功に必要な貴重なアイディアや、情報をもたらしてくれるだろう。万が一、困った出来事が起これば一緒になって解決してくれるだろう。

そんな優秀な協力者を引き寄せるためにも、あなた自身が運命を良くする磁力（想い）を常に発していることだ。

あなたが運命を悪くするような波動を発していれば、同じような人が集まってくる。

逆に運命を好転させるような積極的で明るい波動を出していれば、似たような人が集まってくるのである。

シンクロニシティを阻む「心の悪癖《あくへき》」

◆成功を妨害する想い

あなたの運命を変えられるのは、世界であなたただ一人だ。

これを心から信じてほしい。

運命を変えることは誰にでもできる。そのことに気づき、心から信じれば必ずシンクロニシティは起こるのである。

多くの成功者たちは、そのことを心の底から信じてきた人たちである。

しかし、運命がままならないと思っている人が大半だ。

そして、その原因は自分ではなく〝他〟にあると思っている。

「私が成功できないのは学歴がないからだ」
「たくさんの資金さえあれば、私だって成功することはできる」
「この会社ではせいぜいこの位の出世がいいところだ」
「今の世の中、若くして成功するなんて絶対に無理だ」

こんな外部の条件ばかりにとらわれ、自分の才能を磨くことも、成功を夢見ることもしないのでは、いつまでたっても成功はけっして訪れはしない。

もし、外部の条件だけで成功が約束されるのなら、歴史に残る大富豪や成功者はほとんど存在しないだろう。なぜなら成功者のほとんどが学歴もなく、資産や地位も持たず、一代で築き上げてきた人たちであるからだ。

成功できない本当の原因は**「悪癖《あくへき》」という心の状態で、本人の中に存在する**のだ。決して外部に存在するものではない。

あなたの内部に存在する悪癖があなたの成功を阻み、シンクロニシティさえも妨げようとするのである。

ここで最初に断っておきたいのは、そういった原因は決して生まれつき備わったものではないということだ。生い立ちの中で繰り返し、繰り返し心の習慣として、あなたの中に刷り込まれてきたものである。

しかしあくまで悪癖、すなわち癖であって過去に身につけてきたもの、つまり後天的に身につけてきたものである。

後天的に身についたものは必ず変えられる。あなたの心がけ一つで、いつでも変えられるということを忘れないでいただきたい。

◆3つの悪癖を撃退する

それでは、どんな悪癖があなたの足を引っ張っているか明らかにしてみよう。簡単にまとめると、次の3つに分類できる。

①他人のせいにする癖
②自己限定する癖
③先延ばしにする癖

①の「他人のせいにする癖」は、何か自分に不都合なことが生じると、すぐに他人のせいにしてしまう癖である。

こんな会話をよく耳にする。

「俺が会社でうだつが上がらないのは、上司に見る目がないからだ」

「出世できないのは、部下がまったくダメな奴ばかりだからだ」

「あいつがいなければ俺が課長になれたのに」

「株で大損した。あの証券会社の取引員に騙された」

「一緒に事業を始めた仲間がとんでもない奴で、最後は会社の金を持ち逃げしてしまった」……等々。

このようにいつまでも他人のせいにして愚痴っていても、そこから一歩も進展しない。

もちろん人間だから愚痴の一つも言いたくなることもあるだろう。しかし、それをずっと引きずったままでいれば、**本来のあなたの中にある可能性の芽すら摘んでしまうことにもなりかねないのだ。**

②の「自己限定する癖」は、**自分が持っている能力を自分勝手に限定してしまう癖**である。セルフイメージの限定と言ってもいい。

「どうせ俺にはこの仕事を成功する実力など初めからないんだ」

「私の能力ならこの程度のことしかできるわけがない」

「私は昔から機械音痴だからパソコンなんかマスターできるはずない」

「英語を話せるのは何か特別に才能がある人だ、きっと私には無理だ」

何か新しいことに挑戦しようとしても、ついついこの悪い癖が顔を出してしまい、前向きなチャレンジ精神にブレーキをかけてしまう。

子供の頃は誰もが皆、「夢見る夢男さん」であり、「夢見る夢子さん」である。ところが大人になるにつれて、だんだん現実にとらわれてしまい挫折感を味わう度に、幼少の頃に抱き続けていた純粋な心や夢、希望も捨ててしまうのである。

その最大の理由は何であろう。それは**他人との比較**である。特に一番比較しやすい学校の成績によって、知らず知らずに自分と他人を比較してしまうのである。

そして「自分は大した能力がない」とか「自分は普通なんだ」とか「何をやらせてもダメなんだ」という想いを無意識に蓄積してしまうのである。

その結果、どんなことに対してもチャレンジする前から、あきらめてしまう癖がつき、最初から尻込みしてしまうのだ。

③の「先延ばしにする癖」は、何か始めようと心に決めても、**ついつい理由をつけては先延ばしにしてしまう癖**だ。

これも大半の人たちに多くみられる癖だ。めんどうだから先延ばしにする、失敗するのが恐いから先延ばしにする……。

「今時間がないからとりあえずこの企画は見送ろう」

「すべての準備が万端になってから始めよう」

「資金が貯まってから独立しよう」

「いい会社に就職できたら将来のことを真剣に考えよう」

人は誰でも新しい変化や刺激を望むものだ。

誰もが「何か面白いことはないかな?」と、いつも刺激的なことを追求しながら生活していると言ってもいいだろう。

しかし、いざ自分からそんなマンネリ化した日常を打破し、何か新しいことにチャレンジしようと行動する時、決まってその先の結果に対する不安や行動を起こすことの煩わしさが生じるのだ。

そんな消極的な想いが、何事も先延ばしにするという悪い癖をつくり出してしまうのである。

これらの日常生活でついつい顔を出してしまう「3つの悪癖」が、人の内部に存在する成功を阻む原因である。

この悪癖が顔を出してしまうと、シンクロニシティは起こりにくくなる。

そうなれば、将来ラッキーな経験や感動的なメリットにも出会うことができないだろう。ましてや将来の大成功などは望めないだろう。

◆変えられるのは未来と自分だけ

「過去と他人は変えられない。変えられるのは未来と自分だけである」

どんなにあなたが周囲のせいにしても、決して環境は変わらないし、事態だって急変することはないのだ。

他人は思い通りに動かないのが当たり前。

しかし、自分自身はいかようにも変えることができる。明日にでも、今からでも、あなた次第でいくらでも変えることはできる。

ならば**自分自身を変えていくほうがはるかに時間的にも早く、結果も早い**というものだ。

能力にしても、あなた自身が評価した能力が決して正しいとは限らない。ほとんどの評価は過去の結果から、あなた自身が頭の中で勝手に判断していることだ。

社会はチャンスに満ちあふれている。学校で測られるものよりも、もっともっといろんな能力がいかせる場面が必ずある。学校での成績は、人間の能力のほんの一部である記憶力と計算力などの能力で決まる。

あなたの中には、学校の成績だけでは測れない、もっともっと秘められた可能性があるはずだ。

決して、自己評価であなたの能力を限定しないようにしてほしい。

まだ結果が出ていないうちから、まだ眠っている内なる才能にあなた自身で囲いをつくらないでいただきたい。

自分の能力を伸ばしてあげられるのは、あなたでしかないのだ。

自信を持とう！　何でも積極果敢にチャレンジしてみよう。

最初から自己限定してしまわないことだ。また、すべてを先延ばしにしないことだ。

それでは絶対に進歩はありえない。

もし、あなたが今以上に成功する将来を願うなら、自ら変化を起こさなくては何も実現しないのだ。

外に出なければ新しい出会いもない。

まずい料理を食べなければ、おいしい料理の良さにも気づかない。

別の会社に転職しなければ、以前の会社の良さや悪さにも気づかない。

話題の映画も実際に見なければ、その感動を味わうこともできない……。

つまり、始めなければ何も新しく得るものはないのである。

将来、大成功を望むのならこの「3つの悪癖」がついつい顔を出してしまわないように気をつけることだ。

そのためには、自分自身に絶大なる信頼をおくことである。**あなたが与えた評価以**

上には、あなたの将来が開花することはない。あなたが判断した自分以上の人にはなれないのである。

あなたがもし、自分の能力に対して50点の評価をしたなら、50点の未来が待っている。

しかしもし、100点満点の評価を与えることができたなら、日に日に100点満点の未来に近づいていくのである。

奇跡を現実にする継続のパワー

◆継続がシンクロニシティを起こす

究極の成功の秘訣をお教えしよう。
この秘訣は何億円にも値する貴重なものだ。
しかもそれは人類始まって以来、すべての成功者がその秘訣を守ってきたものである。
それは何かと言うと「**成功するまでやり続けること**」だ。
99パーセント頑張っても、あと1パーセント足りないと実現できないことは多い。
ゴルフでどんなに素晴らしいアプローチをしても、肝心のパターでつまずいてしまったらもとも子もない。

特に、もうあと少しという時の他人のささやきが曲者だ。

「今まで誰も成功した試しはない。あきらめるんだ」

「そんなの無理だよ、あきらめたほうがいい」

「やっぱり今からでも止めたほうがいい。安全な道をとるべきだ」

「あきらめが肝心だ」

こんな声が周囲から聞こえてくれば、ついつい心も弱りがちだ。

あれほど心に決めた決心も揺らいでしまう。しかも身内、親しい友人から言われると余計に気持ちがグラついてしまうだろう。

「自分には成功なんて無理なのではないか」

そんな消極的な想いが心の奥底から湧いてくるかもしれない。

「成し遂げられそうもないな……」と、チャンスが訪れる前にあきらめてしまいたくなるかもしれない。

しかしここであきらめてはいけない。**あきらめてしまっては決して成功をもたらすシンクロニシティは起きることはない**のだ。

せっかくシンクロニシティという輝かしい光が窓から差し込もうとしているのに、あなた自身で心のカーテンを閉めることはないのである。あと一歩というところで、あきらめてしまう手はない。

シンクロニシティをもたらす「幸運の女神」は誰にでも平等に訪れる。

そして、未来を幸運に包むためのシンクロニシティというプレゼントを両手にかかげ、目の前に訪れるのだ。

もし、あなたの心にあきらめが芽生えてしまえば、すぐ目の前まで来ていた「幸運の女神」はあなたの元から立ち去ってしまうだろう。そしてそのシンクロニシティという名の最高のプレゼントも、次の待ち人へ届けてしまうだろう。

運を逃すか手に入れるか、目の前にあるシンクロニシティという最高のプレゼントを受け取るか他人に渡すか、それはあなたの想い次第である。

もし、最後まであきらめることがなければ、必ずシンクロニシティという最高のプレゼントを受け取ることができるのだ。

そして将来、そのシンクロニシティが必ず大きな成功を生み出してくれるのである。

それは何か特別な技術や資格がいるわけでもない。誰にでも平等に与えられているチャンスなのである。

◆チャンスは目の前

ここで有名なお話をしよう。

昔アメリカでゴールドラッシュが起きた。一攫千金を夢見た男たちが、金鉱を掘り当てようと東部から西部へなだれ込んで来たのである。

ある一人の男も今までの仕事を投げ出し、全財産をはたいて機械を購入し、このチャンスに挑戦した。

「よし！　必ず金鉱を掘り当てて一儲けするんだ」という意気込みで掘り始めたのだった。しかし、掘っても掘っても金鉱になかなか突き当たらない。

そうこうしている内に歳月は流れてしまった。気がつくと、男がこの西部に移り住んでからあと一週間で3年になろうとしていた。お金も尽き、身も心も疲れ果ててしまい、あれほどまでに夢実現を願っていた熱き想いも消えてしまっていった。

「もう限界だ。きっとここには金鉱などありはしない。いくら掘ってもきっと金鉱なんか出てこないんだ」

毎日そんな想いばかりが浮かんできて、とうとう男は掘ることをあきらめてしまった。

「掘るのをやめるんだからこんな機械だってもう必要ないな」

男は、全財産をはたいてまで購入した機械設備一式を売ることに決めたのだった。

そして、以前のこの男のように意気揚々と夢を持ちこの町にやって来た一人の青年に、その機械設備一式を売ったのである。しかもただ同然で……。

それから3日後、心身共に疲れ切った男は、ある薄汚いホテルでつかの間の休息をとっていた。そしてソファーに座り、部屋にあった朝刊をなにげなくひろげて読んでいると、ある記事を目にして突然男は飛び起きた。

なんと彼の目に飛び込んできたのは、

「幸運な若者が金鉱発掘！　一攫千金の夢叶う！」

という記事だった。

記事の内容をさらに詳しく読んでみると、何と金鉱を掘り当てたのは、自分が機械設備を売ったあの青年ではないか。

しかも驚いたことに、金鉱が発見された場所は、自分が掘り起こすのをあきらめた地点からわずか3mばかり先の所だというではないか。

「なんということだ！　あとわずか3mの所だったんだ。もし、俺があの時あきらめなければ金鉱を掘り当てられたのに……」

この男の悔しがりようはなかった。しかし後の祭りである。

この男がもし、途中であきらめたりしなければ、きっとシンクロニシティが彼に起きたはずだ、そして成功という栄光に巡り会っていたはずだ。

この時の教訓を胸に、その後この男は、決して最後まであきらめないという精神で物事に取り組むようになったのだった。

そして男はあきらめずに前向きにトライしていき、とうとうシンクロニシティを何度も引き起こすことに成功した。そして見事、その後の事業を大成功させたのだった。

あきらめることは誰にでもできる。

しかし、このたとえでもわかるように、何事もあきらめずに信じて突き進めば必ず奇跡は起きるということだ。

まだ成功していないのは、成功する寸前であきらめているからである。

あなたがあきらめずに前向きに突き進めば、必ず「幸運の女神」があなたの目の前にシンクロニシティという素晴らしいプレゼントを差し出してくれる。

多くの成功者たちはあきらめずに続けたからこそ、次々とシンクロニシティを引き起こし、大きな成功を手にすることができたのである。

才能の一点集中で効果を高める

◆あなたには内に秘められた才能がある

誰にでも、その人にしかない素晴らしい才能が必ずあるはずだ。

その才能を生かし、先ほどもお話しした「継続」をすれば人生は大逆転できる。つまり、「**一点集中**」と「**継続**」である。

あきらめずに続ければ、それはやがて弾みを増す。

その後押しをしてくれるのが、シンクロニシティなのである。

才能とは、ある専門分野が人よりも優れていたり、十分な知識や技術があったりすることを一般的には言う。

機械にめっぽう強い、ネット関連にずば抜けて詳しい、計算が飛び抜けて早い、プロ並みの運動神経を持つ、人を魅了する演奏ができる……等々。

しかし、技術や技能ばかりが人の才能ではない。

人にはまだ多くの才能が隠されている。

それは、周囲を心地よくさせる聞き上手だったり、ここぞという時の気配りがダントツだったり、いつも挨拶が明るく周囲との関係がバツグンだったり、落ち込んでいる人を勇気づけることが得意だったり、人の能力を引き出すことが上手かったり……等々。そんな内面から来る素晴らしい才能もある。

あなたの能力もまた、今あなたが認識している能力だけではない。

もっともっと素晴らしい能力がきっと隠れているはずだ。

「そんなことはない。私にはそんな才能などない」

「特技と言えるものは何もありません」

もし、そう思っているのなら、それは内に秘められた才能にまだ気づいていないだけである。

では、その才能に気づくにはどうすればいいだろう。

その唯一のコツは、**目の前のことに一生懸命になること**である。

何でも一生懸命にのめり込んでいれば、自分でも気づかなかった才能がフツフツと芽生え始めてくる。

◆心がイキイキすることを見つける

与えられた才能、隠れた能力を引き出すには、目の前のことにのめり込むことである。気がつけば、きっとあなたが気づかなかった能力があふれ始めるのだ。

それには、**自分が気持ちいいと思うこと、自分が心からイキイキできることを見つけ出すこと**だ。

自分が好きなもので、夢中になれるものがあれば、そのことに死ぬほどのめり込んでしまった方が、最初のうちは食べるに困ることがあっても、いつの間にかはるかに経済的に豊かになっていることが多い。しかも、次から次へと、心のエネルギーが満たされ、精神的にも豊かになれる。

趣味の段階で頭角を表すには、最低3ヶ月はのめり込もう。少なくとも生計を立て、それで飯を食おうとすれば3年は心底打ち込む必要がある。

長い人生のうちからすれば3年なんてほんのわずかである。そして3年やれば、どんな道であっても、その道のプロと言われるようになるのだ。

人には向き不向きというのはある。しかし、ちょっとかじっただけではわからない。大工をはじめとする職人の世界でも、必ずしも最初から器用だった人だけが名人になったわけではない。かえって不器用な人の方が将来大きく開花する例だってたくさんあるのだ。

まずは挑戦して、そして継続して打ち込んでみて、どうしても自分には合わない、自分の心が喜ばないというのであれば、その時初めて別の道を探せばいい。そうしているうちに必ずぴったり自分に合うものに出会うはずだ。

能力があふれ始めれば、必ず幸運の女神が微笑んでくれる。

そして、不思議な人と人との縁をつくってくれ、素晴らしいアイディアやひらめきまでも与えてくれるシンクロニシティが起こるのである。

◆幸せの青い鳥はあなたの内側にある

私自身のことを振り返ってみよう。私は成功哲学が大好きであった。自己啓発、セルフモチベーション、光明哲学……とにかく自分の心を高揚させ、やる気にさせてくれる本やセミナーや講演に没頭した。

私の自宅にある仕事部屋の本棚には、その手の本でぎっしりしめられている。どんな時でもいつも、「どうしたら人は成功できるか」「どうしたら自己実現できるか」など、そういうことばっかり考えていた。

そしていつしか、自分が経験したことを「もっと多くの人たちに伝えていきたい」という想いから、勤めていた会社を辞め、独立したのであった。

もちろん、最初は家族を養っていくのが精一杯であった。しかし何と言っても自分の好きなことに没頭できるのだから、精神的には満たされていた日々ではあった。

自分の好きなことに集中すればするほど、「もっとこんな本を書きたい」「こんな話を伝えたい」という、新しいアイディアが次々と浮かんで来たのだ。

そのフッとひらめいたそのアイディアに集中し、日々そのことが実現されることばかりをいつも考えていた毎日であったのだ。

そして、素直に自分の内なる声に従い、物事を進めていくうちに、数々のシンクロニシティが目の前に起きるようになり、その数々のシンクロニシティのおかげでいくつかの夢を実現させることができたのである。

自分の好きなことにのめり込み、そのことだけに集中し継続したからこそ、こうして今、人様の前で講演したり、また本を書いたりすることができるようになれたのだと思っている。

これをわずか1週間やそこら勉強しただけではそんなことはできない。

もし仮に、私に歌舞伎について講演してほしいと言われたらとてもできない。ロック音楽について本を書いてほしいと言われても困る。

やはりその道の専門家、あるいは第一人者となるには、熱中し心のエネルギーを傾注したものであることが必要だ。

自分の中に秘めたる宝物を見つけ出すことは誰にでもできる。幸せの青い鳥は決してどこか遠い所にあるのではない。自分の内側にあるのだ。

宇宙のサポートを手に入れる

◆自分を好きになると宇宙が味方する

私たちが犯している大きな過ちの一つは、私たちは有限であるという考え方である。もちろん肉体はいずれ滅んでいくものである。またこの五体は有限だ。

しかし、**心は無限**である。

満天に拡がる夜空の星をながめた時、私たちの心は無限の世界に飛んでいる。

『ミクロの決死圏』という映画がある。脳出血患者の体内に医師たちが細胞よりも小さくなって入り、血液の流れに乗って目的地である患部までハラハラドキドキしながら決死の覚悟でたどり着くというSF物語である。実にミクロの世界の想像をかき立てくれる、素晴らしい作品である。

このように私たちは、宇宙の彼方まで想像することもできれば、小さな細胞レベルのものまで想像できる。

まさに人は、マクロコスモスからミクロコスモス（コスモスとは宇宙という意味）まで含んでいる。**人間は小宇宙**と言われるゆえんである。

そして、**本当の自分に出会えた時、この広大な宇宙が全力でサポートしてくれる**のだ。その時、幸運の女神が微笑んでくれるのである。

まさに、人生の目的は本当の自分探しにあると言っていいだろう。

そのためにはまず、**自分のことを好きになること**である。自分のことが好きでないとすべてのことは始まらない。

よく人は幸運を求めて神社やお寺にお参りする。あるいは先祖供養し、ご先祖様のご加護をいただこうとする。しかしいくらそういったことをしても、もしあなたが自分自身のことを好きでないなら幸運を招くことはできない。

考えてみれば今のあなたには、人類始まって以来脈々と受け継がれてきている祖先の血が流れている。つまりあなたの中に祖先が全部宿っているとも考えられるのだ。

ということは、本当の先祖供養とは、自分を最大にいかし、いかに自分を最高に輝かせて生きるかということに他ならない。

◆運命は変えられる

この世の中には、変えられないものと変えられるものがある。変えられないものを「宿命」といい、変えられるものを「運命」という。

あなたが日本人として生まれたこと、男、あるいは女として生まれて来たことは変えられない。また両親を選ぶことはできない。これらはすべて「宿命」である。

しかしその他のことは、自分で選択し、自分でいくらでもコントロールできるのである。将来どんな人生を送れるようにするか、コントロールできるのである。

もし、あなたが自分を嫌い「別の環境に生まれ変わりたかった」などという、変えられない「宿命」をコントロールしようとしても無理なことである。

変えられないものをコントロールする行為は、ものすごく無駄なエネルギーを浪費する。変えられないものを変えようとするのだから、それに関わる心のエネルギーは膨大である。

そんな無駄で、しかも手応えを得られないことにいつまでも時間と心のエネルギーを費やしていても決していい結果は得られない。ならば、**自分自身で変えられる可能性のある未来に対してのみ、その膨大なエネルギーを注ぐこと**だ。

過去のことにこだわるほど、無意味なことはない。いくら頭で何時間考えても、いくら何日も心を痛めて悩んでも、何も解決することはないのだ。

そんな消極的なことにエネルギーを消耗してばかりでは、物事に前向きにチャレンジする気にもなれない。

生まれてきたこと、過去のことは変えられないことだ。これから起きようとする未来にだけ全力を注ぐことに生きている意味がある。自分の「宿命」を素直に受け入れ、まだ隠された未来の「運命」にのみ全力を注ごう。

◆執着を捨てるとすべてはうまくいく

心というものは不思議なもので、何のこだわりもとらわれもひっかかりもない時、つまり**執着が何もない時に、最大限の力を発揮する。**

そんな「ウキウキ、ドキドキ、ワクワク」の状態は、信じられないほどの不思議な力をあなたに授けてくれる。シンクロニシティが起こるのだ。

そして、成功するために必要な思いもつかなかったひらめきやアイディア、素晴らしいインスピレーションをどんどん与えてくれるのである。

ここに過去のことなどにとらわれず今の自分が好きで、いつも前向きな一人の男性と、過去にのみ執着し、自分のことを嫌い他人をも嫌う一人の男性がいる。

前向きな一人の男性の方は、いつも会社で積極的で思いやりがあると評判の高い松浦氏。会社や取引先でも彼の人望は厚く、何でも積極的に取り組んでいく熱血営業マンである。どんな手の掛かる仕事でも「ＯＫ、まかせとけ」といつも明るくテキパキこなす。

また部下や女子社員が大きなミスをしても、責めるどころか率先してフォローし、的確なアドバイスを与え、彼らを励ましてあげる。そんないつでも「自分が大好き、他人も大好き」の明るい彼だから、不思議なこと、ラッキーなことが押し寄せてくるのである。

彼はジャズの大ファンである。何年もかけてアルバムをコレクションしており、その数はなんと自宅の部屋を埋め尽くすほどである。

そんな彼が北海道へ出張した時のことである。たまたま通りがかったCDショップに「ちょっと寄ってみるか」と、フッと湧いた軽い気持ちにまかせて立ち寄った。店内に入って彼が真っ先に目をやったのは、もちろんジャズコーナーである。

そしてたくさん並んでいるアルバムの中から、おもむろにひょいと一枚抜き出してみると、なんとそのアルバムは、以前から探し続けていた入手困難なジャズの廃盤アルバムであったのだ。

フッとしたひらめきで偶然に入った店で、フッと取り上げたアルバムが、なんと自分がずっとほしかった一品であったのだ。彼はその偶然に驚き「なんてラッキーなんだ。こんな偶然があるんだ」と心から喜んだ。

彼はこのように、度々こんなラッキーなことに出くわすことが多い。出張先で新幹線を利用する時も、いくら満席でも自分の目の前の席が不思議と空くことが多く、飛行機にしてもいくら混んでいる時でも、不思議なことにキャンセルに巡り会えるのである。

また先日も、何度部屋中を探しても出てこなかったお気に入りの万年筆が「もしやここでは」というひらめきにまかせて、引き出しを開けるとそこにあった。

こんな数々のラッキーとも言える偶然の波が、彼には押し寄せるのである。

これはまさにシンクロニシティである。

そんな**素敵なひらめきやインスピレーションが起きるのも、いつも「自分が大好き、他人も大好き」で過去にとらわれない前向きな心を持っているから**である。

反対に自分の宿命を恨み、他人を妬み続けていれば、あなたを困らせるマイナスな出来事が起きるようになる。

もう一人紹介しよう。過去に執着し、他人を嫌うもう一人の男性、野崎氏がいる。

会社や家ではいつも溜息ばかり。毎日愚痴ばかりをこぼし、「世の中おもしろくないことばかりだ」が口ぐせだ。

自分より後輩の部下が出世するのを横目で見ながら、「あいつが出世できるのは俺よりも学歴があるからだ。決してあいつの実力ではない」などと、人の喜びは必ず否定する。

仕事でミスしても必ず部下や下請けのせいにし、「俺が悪いんじゃない。みんな周りの奴等が悪いんだ」と嘆くばかりで一向に問題を解決しようとしない。酔って口に出るのは「親が金持ちで学歴が今以上あるなら、俺だって成功しているはずだ」と宿命や過去に対する文句ばかり……。

そんな彼にはラッキーな出来事なんて起こるわけがない。**偶然という出来事は起こるが、それは最悪といっていいほど不運な出来事ばかり**である。

電車に乗り遅れるからと改札口からホームまで一生懸命走ってもグッドタイミングで乗れたためしがない。いつもあと一歩のところで間に合わない。この前は間一髪間に合ったと思って乗った電車の中ではスリに遭い、前日もらった定期代が入った財布をすられてしまった。

「今日は少し飲んで帰るか」とふらっと立ち寄った飲み屋では、酔っぱらいにからまれ、先日はお得意先に書類を届けるのでほんの4、5分車を止めていただけで駐車違反の切符をきられてしまった。

まったくやることなすことが、不運な結果を招いてしまうのだ。まさに「最悪な偶然」である。

この例からもわかるように、過去や外部の条件にとらわれていても決していい結果は起きない。今の自分をありのまま受けとめ、「将来は必ず花開く輝かしい未来が待っているんだ」と、ワクワク、ウキウキした気持ちで夢見ることだ。

生きていることに感謝し、そして、そんな素敵な自分を生んでくれた両親にも感謝し、また自分を取り巻く周囲の人たちにも思いやりを持つことができれば、必ず幸運の女神があなたに向かって微笑んでくれる。

どんなことでも「おかげさま」の精神で生きようと決心した時、すべてのマイナスの束縛から心が解放されて、幸運の女神がにこやかに微笑んでくれるのである。

その瞬間、常識では考えられない数々のシンクロニシティが起き、人生が好展開し始めるのだ。

困難に打ち勝てば未来が開ける

◆心の想いが未来を決める

私たちが何か夢を実現しようとか、あるいは願望を達成しようとする時、その夢や願望が今の現実とかけ離れていればいるほど、またそれらが大きければ大きいほど、その前に横たわる障害や困難も大きい。

そして大半の人が、その障害や困難の前に屈してしまうのである。目の前に立ちはだかった問題に押しつぶされ、夢や願望をあきらめてしまうのである。

常識ではそれらの障害や困難は解決できない。しかし、普通ではとうてい乗り越えることができない問題を解決してこそ、大きな夢や願望が実現できるのである。

「人事を尽くして天命を待つ」……これが真理だ。

しかしこの、「人事を尽くす」時の〝尽くし方〟が問題だ。正確に言うと、**「人事を尽くす」時の〝想い方〟が将来を決める**と言っても過言ではない。

子供の頃、よく大人たちから教えられたことは「とにかく努力しなさい」「歯を食いしばっても頑張りなさい」というような内容であった。

しかし、人生を60年近く経てきて、なおかつ多くの人たちを見てきて、果たしてそれが正しいこととは到底思えないのである。

今まで「努力して」「歯を食いしばって」「頑張って」いても、ただ生活するだけで精一杯の人をたくさん見てきた。到底、夢を実現しているとは思えない。

むしろ「努力」と「根性」だけで頑張っている人に限って、体をこわしてみたり、早死にしたりしているのが現状だ。

私は社会に出た頃、この現実を見て、「なんて世の中理不尽なのだろう」と思っていた。

現実に、私も会社に入って頑張ってきたつもりだ。

その結果、体をこわしてしまった。そしてどん底まで落ちた。

しかし、人生何が幸いするかわからない。

そのどん底からはい上がる過程で、実にいろいろなことを学んだ。

それが心の法則である。つまり、一瞬一瞬の想い方が将来をつくり、心の深い想いが未来を築き上げていくということである。

事実、**私はこの心の法則で病を克服し、自らの夢を実現してきた**のである。そして、この力は私だけでなく誰にでも備わっている力なのだ。

◆前向きの想いが問題を解決する

例えどんなに頑張っていても、歯を食いしばって努力していても、その時その時の想い方がマイナスであれば、いい結果は出ない。

それだけでなく、今以上にマイナスの結果を招いてしまうのである。

もちろん心がマイナスであれば、気力が萎えてしまって、立ちはだかる困難や障害にいとも簡単に押しつぶされてしまうだろう。

ところが、心がプラスでイキイキしていれば、困難や障害に押しつぶされることがない。そればかりか、常に前向きの想い方をしていると、思いもかけないようなシンクロニシティが起きてきて、問題をあっという間に解決してくれるのである。

まさに「人事を尽くして天命を待つ」の**天命とは、このシンクロニシティではないだろうか。**

奇跡の偶然を、どれだけ日常で頻繁に起こせるかが、大成功する秘訣である。

「私は今まで良いことなんて一つも経験したことがない」

「そんなことを起こせるのは何か特殊な才能の持ち主だけだ」

「どうせ運命は決まっているから無理に決まっている」

そんなあきらめている人でも、必ずシンクロニシティは引き起こすことはできるのだ。ほんの少しのコツをつかむだけで、誰もがこのシンクロニシティを引き起こすことができる。

本書で紹介している「大成功するコツ」をことある毎に活用すれば、誰にでも奇跡は起こるのだ。最初は、ほんの少しのシンクロニシティを経験するだけかもしれない。起きる回数だって少しかもしれないだろう。

しかし、徐々にその不思議な力は加速度的に強くなり、頻繁によりメリットのある最高のシンクロニシティを引き起こせるようになるのだ。そして、驚くほどあなたの目の前に現実化されるようになるのである。

坂道を登る自転車でもそうであるように、上りは急でペダルをこぐにも大きな力が必要になる。

全力でペダルをこいでも、なかなか前には進めずに時間もかかるだろう。

しかし、一旦折り返し地点でもある頂上まで到着すればあとは簡単である。そこから下りのゴールまでは、上りの何分の1の時間であっという間にたどり着くことができるのだ。

しかも、力はまったく必要とせず、あなたはただ自転車にまたがってさえいればいいだけだ。そして、顔全体に気持ちいい爽やかな風を浴びながら、悠々と下ることができるのである。あとは「成功」というゴールまで到着することを待つだけでいいのだ。

成功を手にする瞬間までは、さまざまな障害や問題が目の前に起きてくることもあるだろう。その一つひとつを乗り越え、前に進むには大きな力と時間を要するかもしれない。

しかし、それらを**一旦克服し、頂上まで登りつめたなら、あとは一切の力や努力は無縁となる。**坂道を爽快に下るように、次々と成功という爽やかな風があなたに浴びせられるのである。

常に夢を失わず、願望を明確にし、目標の達成をいつもワクワクしながら描き前進していると、最初は小さなことからかも知れないが、だんだんとシンクロニシティが起き始める。それを喜び感動し、不思議がっているとさらに心が躍動し、次々とそのシンクロニシティを引き寄せるのである。

そこまで行くと人知を越えた何ものかの力を感じずにはおれない。そしてその数々のシンクロニシティというプレゼントが貯まれば、やがて大きな願望達成、夢実現というゴールへとどんどん近づいていくのである。

そしてそれがある時、大きく弾け、一気に夢が実現されていくのだ。

ぜひこのシンクロニシティを起こしてほしい。誰にでも、もちろんあなたにも、このシンクロニシティを引き起こす力は備わっているのだから。

シグナルを受け取れる成功体質をつくる

2章

The Way of Making Synchronicity which Grants Your Wishes

プラスとマイナスどちらのカードを引くか?

◆成功の方程式

この世の中には、苦労して働いても、努力して頑張っても、ただただ生活に追われるだけの、食べるだけの人生を送っている人がたくさんいる。

かといって、遊んでいるのだか、仕事しているのだかわからないほどエンジョイしながら、すいすいと成功をつかんでいる人もいる。

多くの人たちを見てきて、私がつくった公式が次の通りだ。

「成功＝プラスあるいはマイナス×生まれ持った能力×やる気」

これが人生における**「成功の方程式」**である。

その人の「生まれ持った能力」を、あえて数値で測るとして、１点から10点の間とする。少なくとも生まれて来たからには、何の才能もない、つまり０点というのはあり得ない。

確かに、生まれ持った才能が豊かなほうが何かと生きるには有利だ。スターと呼ばれるプロスポーツ選手や天才ミュージシャンは、本来の持てる才能を十二分にいかしてきた人だ。

しかし、なまじっか才能があり、頭が良かったために、何の努力もしない結果、後年ただの人で終わってしまうことも往々にしてある。

またそのことで、小さい頃からちやほやされ甘やかされて育ったため、大きくなって社会に入って苦労する人も多い。

さて、この世の中でいわゆる成功者と呼ばれる人は、すべてやる気満々だ。

そして、なぜか子供時代にそんな群を抜くような才能を持っていない人が多い。そればかりか、むしろ何らかのコンプレックスやハンディを持っている人の方が多い。

そんな状況の中で彼らが成功することができたのは、周りと比べてそんなに才能がないということを自らが自覚し、発憤してきたからだ。

だから、人並み以上の大きなやる気を生み出したのである。

このやる気に対して、0点から100点まで点数をつけることができる。

まったくやる気がない0点の人なら、たとえ能力が10点満点あったとしても0×10＝0。つまり、能力にかかわらず、やる気が0なら、その結果は0になるということだ。しかし反対にたとえ能力が1点しかなくても、やる気が100点であれば100×1＝100。つまり100点満点ということである。

企業やどんな組織であっても「いくら才能があってもやる気のない」という人よりも、「そんなに才能がなくても人一倍やる気のある」という人の方が、結果を上げている。

そしてなによりも、やる気が十分であれば、今まで隠れた能力までもがどんどん目覚めてくるのである。その結果、今までできなかったことや、無理だと思っていたことでも成し遂げることができるようになる。

あなたのやる気次第で、成功に大きく近づくことができるようになるのだ。

◆成功を左右する「プラス思考・マイナス思考」

ここでもう一つ重要なことがある。もう一度成功の方程式を見てほしい。

この公式の一番前に、「プラスあるいはマイナス」という項目がある。

このプラスかマイナスかは、考え方の癖を表している。つまり、「プラス思考」か「マイナス思考」かという意味だ。

この公式から読みとると、どんなに才能（つまり才能が10点満点）があっても、やる気満々（つまりやる気が100点満点でも）であっても、**考え方がマイナスなら、その結果は一瞬にしてマイナスとなってしまう**のである。

プロ野球の選手でも、本番では全然ダメであるにもかかわらず、練習にだけは滅法強い人がいる。もちろんプロに入ったくらいだから才能はある。

しかし、考え方の癖がマイナスであるために、本番では余計なことばかりを考えてしまう。

「やっぱり三振してしまうのではないだろうか」

「俺はどうしても本番に弱い。今度も失敗したらどうしよう」

そしてそのマイナスに考えた結果の通り、普段の実力を出せないまま、失敗してしまうのである。

このように考え方がプラスかマイナスかで、すべてのことが決まってしまうのだ。やる気を出してコツコツ頑張ってみても、考え方、想い方次第では、その努力が一瞬にして水泡に帰してしまうことになるのである。

◆あなたはどっちのカードを引くか？

トランプでラッキーカードを引くか、ジョーカーを引くかによって、一瞬にして勝負が決まるようなものである。

プラスとマイナス、どちらのカードを引くかで、天地の差ほど結果が変わってくるのである。

だからこそ、この「プラス」のラッキーカードを引いていくこと、**しかも立て続けに引いていくこと**である。そうすれば幸運を呼ぶシンクロニシティが、あなたの目の前に次々に訪れてくる。

幸いトランプと違ってこの「プラス」のカードを引くことは、運を天に任せることではない。あなた自身でコントロールできるのである。

その理由は**「プラス」も「マイナス」も考え方の癖**であるからだ。

癖とは、先天的に与えられたものではない。後天的に身につけて来たものであるからだ。だから、いかようにでも変えることができるのである。

まさにあなたの手の内にあるのである。

目の前に起こるあらゆる出来事に対して、あなたが引くカードは「プラス」か「マイナス」か、それによってあなたの未来は大きく変化するのである。

逆境は人生転換のシグナル

◆すべては必然

私たちが遭遇する出来事で無駄なことは一切ない。

失敗、挫折、障害、困難、苦労なども、その人にとって絶対必要なものである。

そうした逆境にあうことによって、今まで気づかなかった多くのものに気づくのである。

私も二十歳代の前半に遭遇した大病という挫折によって、どれだけ多くのことを学んだか知れない。もしあの時に挫折していなかったら、きっと今の自分はないだろう。

自分の好きな道に進むこともなく、普通のサラリーマン生活を続けていただろう。

サラリーマン時代のいろいろな苦しさを体験し、それを乗り越えることができたからこそ、小さい頃からひ弱と呼ばれていた自分が随分たくましくなったような気がする。そのことだけでも、自分のことを褒めてやりたい。

実際私が15年間お世話になったＯＭＲＯＮという会社は、今から思えば働くには申し分ないほど働きがいのある素晴らしい会社であった。おかげで数多くの知識や技術を学ぶことができた。

その後、自らの夢を実現するために独立して会社を持ったが、不思議なことに**せっぱつまればつまるほど事態が一気に好転してくる**ことを何度も経験している。

現在に至るまで、実に多くの失敗を経験してきた。新しいことを何か始める度に大きな壁や問題に突き当たるのである。

しかし、今振り返ってみると、それは案外簡単な問題にしか見えないのだから不思議なものだ。問題にぶつかり、その中に実際入ってみて経験してみなければわからないことがたくさんある。

誰でも**成功するまでは失敗の連続**である。

失敗を克服してこそ、人は大きく育つのである。

◆壁にぶつかった時こそチャンス

何か壁や問題にぶつかった時は、何かを学ぶ時である。

「どうしたらいいんだ。もうだめだ。これで終わりだ」

そう思い悩んでも、事態は決して良い方向へは運んでくれはしない。まして机上の空論では問題の本質は決してわからない。頭でわかることと、実際身にしみてわかることとは大違いである。

「なぜこんな問題が生じたんだろう」

「別の方法だとどうなるかな?」

このように、何事も前向きに対処していくことが大切である。

問題が起きるには、必ず原因があるものだ。その原因を見つけ出すことができるかどうか、今あなたに大切な宿題が与えられているのだと考えることだ。

答えの出ない宿題はない。必ず問題の裏には回答が隠れているはずだ。その回答は、将来あなたが成功するための大切な財産でもある。

万が一、障害や問題にぶつかったとしても、そんな隠れた回答をうまく見つけだし、あなたの将来の大きな財産とすることである。

パソコンでも実際マスターしようと思ったら、電源を入れてマウスやキーボードを操作してみないとわからない。決してパソコンの本を読んだだけでは身につくことはない。操作してみて初めて失敗する。いろんなトラブルにも遭遇する。

「どうしてうまく起動できないんだ」

「文字をカタカナ変換するのはどこのキーを使えばいいのか」

「インターネットのプロバイダーにうまく接続できないぞ」

しかし、そんな問題を一個一個解決していくことによって、初めて技術が身につくのである。多くの問題や壁にぶつかればぶつかるほど、知識や技術がどんどん身についていくはずだ。

そして当初では考えられないような技やテクニックだって、きっと将来身につけているはずだ。気がつけば、周囲からは頼りにされるパソコン名人になっている可能性だって大いにあるはずだ。

そんな自分の成長が、あなたに今以上の大きな自信をつけていくのである。

大きな自信は「どんなことでも前向きに取り組めば必ず解決できるんだ」という前向きな気持ちにさせてくれる。

目の前に起きた問題に対しても率先して対処していくフットワークの軽い、エネルギッシュな行動力もきっと手に入れることができるはずである。

そんな前向きな気持ちが、シンクロニシティを引き起こす大きな燃料となるのだ。

しかし反対に、問題や壁から何も学ぼうとせずに、途中で放棄してしまったらどうなるだろう。きっと、パソコンはただのガラクタ同然として、永久に押入の中に埋もれるはめになるに違いない。

それでは将来、役立つための新しい能力や技術が身につくこともないだろう。何かを成し遂げた自分に対する大きな自信も獲得することはできないであろう。

得るものは「やっぱり私にはパソコンをマスターできる能力はないんだ」と自分に対する挫折感だけである。こんな苦い経験があれば、きっと次に何か新しいことに取り組もうとしても大きく自信を持って望むことはできない。すぐに行動に移そうとしても不安や戸惑いを生じてしまうに違いない。

だから、問題が起きても決して逃げたりしないことである。

◆大ピンチの後には大成功が待っている

実際私も過去にどん底体験をした。ストレスで体をこわしてしまい、とても仕事などできる状態ではなくなったのである。しかし、そんな最悪の状況の中でも決して逃げたり避けたりはしなかった。むしろそのどん底を先生とし、何かを気づき発見する材料としていかそうと肚をくくった時から、運命や環境は転換し始めたのだ。

独立していくつかの大きな問題や壁にぶつかった時も、その方法で乗り越えてきた。不思議なもので**問題や壁が大きければ大きいほど、乗り越えた後に得る成果はそれ以上に大きなものが返ってくる**のだ。「逆境こそが転換のシグナル」なのだ。

成功とは、むしろ問題を一つひとつクリアにし、失敗から得た教訓を一つひとつ活かすことの積み上げの上に成り立っているのである。

だからこそ、失敗や困難と言われる逆境が大きければ大きいほど、より大きな成功のチャンスの種が宿っているとも言えるのだ。

「私は失敗した経験が一つもない」という人よりも「私は失敗をたくさん解決してき

た」という人の方がはるかに大成功するのである。

たとえ困難や壁にぶつかっても「転換するシグナル」だと考え、その中に隠されている回答を見つけ出していくことだ。

きっとそれらは、あなたの将来にとってかけがえのない財産となることだろう。

「プラス思考の積立」は金利の高い定期預金

◆習慣の強力なパワー

「雨だれ石をも穿《うが》つ」「千里の道も一歩から」「積小為大」……等々、古今東西、小さなことの積み重ねが大きな結果を出すことの重大さを教えてくれている。

まして68ページの成功の方程式を見てもわかるように、私たちの「考え方の癖」がプラスかマイナスかで結果が１８０度違ってくるのである。

さあ、この癖という言葉に注目してほしい。癖というのは、毎日毎日の生活の中で身に着いてくるものである。

たばこを吸う癖も１本や２本吸っただけでは身につかない。毎日毎日繰り返しているうちに止められなくなってくるのだ。過食でも同じである。ついつい間食を続けているうちに、間食なくしてはいられなくなってくるのである。アルコールもそうだ。どんな癖も、**同じことの繰り返しから、強力な力が発揮される**。自ら習慣をつくり、その結果、その習慣に支配されるのである。

酒やたばこなど形に見える癖もあるが、実は形にはなっていないが、強力なパワーを持つ癖が「**考え方の癖**」である。

小さな問題にいつまでもとらわれると、そのこと自体はたいしたことはないが、その繰り返しが、いつも物事にこだわる癖となり、それが積もり積もって大きな不運を生むことになるのである。

逆に**小さなプラス思考の積立が金利の高い定期預金に変身**し、やがて大きな「夢実現」というプレゼントを私たちにもたらしてくれるのである。

『少女パレアナ』（エレナ・ポーター著／角川書店）という、超プラス思考の少女の物語がある。

このパレアナという少女は孤児にも関わらず、自ら編み出した「喜びのゲーム」をやることによって次々と幸運を招き寄せるのである。そればかりではない。周りの人までハッピーの渦に巻き込むのである。

「喜びのゲーム」とは、たとえば足を骨折したとしよう。

そんな時、次のように喜びに変える。

「骨折なんて人生でめったにすることはない。こんなチャンスに巡り会えるなんて私はなんて幸せなんだろう」

このように、普通で言えばマイナスと思えることもプラスに考える習慣をこの「喜びのゲーム」で身につけていったのである。これを毎日毎日やっていると、やがて習い性となり、第二の天性となってくるのである。

◆小さな想いから始めよう

あなたの毎日の想いや考え方がワクワク、ウキウキのプラス思考であれば、必ずシンクロニシティを目の前に現実化することができる。

そして、**小さな想いは大きな結果を生み出す**。

小さなことでも続けていれば、必ず大きな結果として跳ね返ってくるのだ。

最初から大きな想いを持ち続けることは、並大抵の努力ではできない。ねばり強さだって要する。

しかし、小さな想いなら持ち続けることも可能である。

小さな想いを持ち、決してあきらめることなく続けることがゴールでもある大きな成果を生むのだ。

ダイエットにしても、突然「今日から夕食は抜きだ」というよりも、「とりあえず間食を控えよう」と小さな想いからスタートし、それに慣れてきたら「じゃあ、今日からは夕食のおかずを一品減らしてみよう」と、少しずつ大食しないよう習慣づけしていけば成果ははるかに上がるはずだ。

しかし、今まで消極的な人が「それでは今日からプラス思考に変えます」と頭で思っても、なかなかすぐには変えることは難しい。

なぜなら、私たちの想い方や考え方は、少しずつ習慣化されてきた癖であるからだ。ならば、少しずつマイナスな考え方の癖をつけてきたように、今度はプラスな考え方を少しずつ習慣づけてあげればいい。最初は一度に考え方を切り替えようと無理せずに、徐々に切り替えてあげればいいのだ。

ドミノ倒しを想像してほしい。あなたの日々の前向きな想いが一つひとつのドミノとすれば、毎日一つずつでも並べていけば、やがては部屋一面の大きなドミノの列が完成する。

そして、ある瞬間に勢いをつけて、そのプラスの想念の固まりであるドミノがいっせいに倒れ始めるのだ。

そして、きれいに倒れたドミノの一面からは「大成功」という文字が浮かび上がるのである。

毎日プラス思考に考えるあなたの想いは、必ずある瞬間大きく花開くのだ。

小さくてもいい、毎日をプラスでしかも積極的な想いで満たしてあげよう。

眠れる宝の宝庫「潜在意識」

◆何でも記憶・保存する場所

私たちの潜在意識は、眠れる宝の宝庫である。

私たちの意識は、自分で意識できる「顕在意識」と、自分自身では意識できない無意識な「潜在意識」の2つに分けられる。

私たちの本当の心でもある**「潜在意識」は、言わば大きな水槽**みたいなものだ。その水槽は、巨大なダムにも匹敵するくらいの大きさでもある。

しかもその巨大な水槽の中には、毎日毎日いろんなものが貯め込まれていき、私たちの生活に大きな影響を与えていくのである。

たとえば、昔の友達に会うと、今まで忘れていた記憶を一気に思い出す。小さい頃にゆで卵にあたった経験があると、大人になってもゆで卵を見ただけでアレルギーがでる……これらは、すべてこの心の水槽に記憶されている感情の仕業である。

また「能力」もそうである。

たとえば、泳ぐことを一度マスターしてしまえば、たとえ何年間もブランクがあったとしても、すぐに泳ぐことができる。それは自転車や車の運転でも、スキーやスケートでも、楽器の演奏でも、あるいは語学でもその他どんなことでも同じことが言える。

そのくらいあなたの潜在意識は、何でも記憶し保存してしまうのである。

◆潜在意識は大きな心の水槽

潜在意識は、たとえるなら透明な大きなガラスでできている「心の水槽」である。

その水槽の底には、隠れたピカピカに**光り輝く財宝**が沈んでいるのだ。

その財宝は、あなたの将来に成功をもたらすための**ひらめきであり、インスピレー**

ションであり、アイディアであり、気づきでもあるのだ。

そして、この私たちの生活に大きな影響を与える心の水槽には、もっと素晴らしい能力が隠されているのである。それは、**あなたの知らないもっともっと素晴らしい能力や才能が隠されている**のだ。

あなたが現在、自分に対して認識している能力や才能は、ごく一部のものでしかない。その心の奥底に眠る能力を引き出してあげることができれば、数々のシンクロニシティを次々と引き起こすことができ、ひいては将来の輝かしい成功まで手にすることができるのである。

それは人生最大の財宝と言ってもいいほど素晴らしく輝かしいものだ。

心の水槽に貯まった水が、いつも透明できれいに澄んでいればいるほど、この心の水槽の透明なガラスを通して、その財宝の光があなたのもとへどんどん差し込んでくるのだ。

そして、問題や障害に直面した時に、それらを解決してくれるヒントやアイディアをあなたに与えてくれるのである。これが「第六感」と言われる心の声である。

この声に素直に従った時、実はシンクロニシティが起き始めるのである。

◆潜在意識が汚れると不運も引き起こされる!?

心の水槽の中身は十人十色である。

心の水槽に貯まった水に個人差があるのは、**水はその人の「想念」の現れ**だからである。

ヘドロのような汚れた水をいっぱい溜めている人もいれば、少し濁った水の人もいる。また、透明で澄んだ水で満たされている人もいる。

ヘドロでいっぱいの腐った水ならば、財宝の光を完全に遮断してしまう。さらに悪いことに、その貴重な財宝でさえも錆びつかせ腐らせてしまうのだ。

その結果、能力を高めることもなければ、不運を次々と引き起こすことにもなりかねない。

水槽の水がヘドロのような汚れた水でいっぱいの人は、常に他人に対する妬み、恨み、自分の運命に対する愚痴の想念でいっぱいの人である。

「なんであいつばかりが良い思いをするんだ。面白くない」

「どうせ俺は不運の星の下に生まれてきた人間だ」

「ふん、あんな奴は痛い目に合えばいいんだ」

そんなヘドロのように汚れた想念がだんだん蓄積されてくると、さらに水を汚し腐らせてしまうのである。

その腐った水はやがて異臭を放ち、悪臭を発するのである。異臭、悪臭はいわば不運の固まりと言っていい。そんな想念を常に持ち続けていれば、間違いなく最悪な未来を歩むことになるだろう。

「少し濁った水の人」というのは、他人のことを恨みこそしないが、自分に対して自信がなく常に何ごとにも消極的な人である。

「もし、失敗したらどうしよう。絶対にうまくいくはずがない」

「私はいつも成功したためしがない。きっと今回もそうだ」

このようないつも失敗を恐れ、何をするにも不安が頭から離れない消極的な人である。はっきり「ノー」と言えずに何でも他人に譲ってしまい、いつも自分は貧乏クジを引くタイプの人だ。

そんなマイナスな想念が、だんだん水を濁してしまうのである。だから、何か問題事にぶつかっても、あなたを助けてくれる良いひらめきやインスピレーションは湧いてこないのだ。

そして、透明で澄んだ水でいっぱいの人はというと、他人にも思いやりがあり感謝心を持ち、常に何事も前向きに考えるプラス思考の人である。

「よーし、今回の企画もはりきって取り組むぞ」

「これほど難しいことも解決するなんて、私はすごいな」

「少し疲れたけど、あと少しで終わるぞ。もうひとふんばりだ」

「ここまで来られたのも〇〇さんのおかげだ。本当にあの人はいい人だ」

どんなことに対しても積極的に取り組み、自信に満ちた人の水槽には、新鮮で透明な水がいつも満ちあふれている。

そんな人の心の水槽からは、いつも黄金の光が差し込む。

差し込まれた黄金の光は、胸打つ感動的な出来事かもしれない、信じられないような嬉しい出会いかもしれない、飛び跳ねて喜びたくなるようなニュースかもしれない。

その黄金の光が困ったことに直面した時や何か問題が生じた時、一歩飛躍しようとチャレンジしようとする時に、最大限の力を振り絞ってあなたを支援するのである。

心の水槽の浄化方法

◆想念次第で浄化できる

さて、あなたの「心の水槽」は今、どんな状態だろうか?

最近、自分に自信がなく心の水槽が濁りがちではないだろうか? もしくは、ヘドロがたまっていないだろうか?

いつもはきれいな水槽でも、**妬み、恨み、憎しみ、怒りなどの感情を持ってしまえば、心の水槽の水は濁ってくる。**

しかし、心の水槽の水は、あなたの想念次第で濁らせることもでき、また透明な透き通った水にすることもできる。

たとえ水が濁っていたとしても、いくらでもきれいな水に変えることができるのだ。それが心（想念）の不思議な力なのである。

この心の水槽の水を掃除する方法は、次の2つしかない。

①汚れた水を抜き、一度に大掃除する方法
②汚れた水の中に新しくきれいな水を、一滴一滴気長に入れ続ける方法

◆一度に大掃除してくれる「感動シャワー」

①の一度に汚れた水を入れ替える方法は、数多くの**「感動のシャワー」**を浴びることである。感動した時「心が洗われる」と表現するように、多くの感動は心の水槽の水を浄化する特別な作用がある。
日常生活で多くの「感動のシャワー」を浴びよう！

高い山の山頂を目指してたどり着くまでに、一歩一歩額に汗しながら登りつめた時の感動はひとしおだ。山頂から見渡す町並みや、遥か彼方まで広がる天空を眺めていると、何とも言えない生命の偉大さを感じる。

地上の悩みや心配、その他人生の諸事万端のトラブルや問題が、何だかちっぽけなものにも見えてくるものだ。

また、**心を震わせるような名曲**に触れた時も、最高の感動を味わえる。**音という波動が聴覚を通して全身にまで響きわたり、心をどんどん浄化してくれる**のがよくわかる。

その感動はまさに細胞の一つひとつが蘇っていくように、私たちの全身に電流が走ったかのような衝撃的な感動を生むのである。

人の一生を紹介した番組も感動ものだ。事実は小説より奇なりと言われるくらい実に感動がいっぱい詰まっている。

心をときめかせてくれる**名画も心の底まで洗い流してくれる**。スクリーンに描かれた美しい映像や壮大なるオーケストラが奏でるＢＧＭは、一瞬にして私たちを夢物語の中に引き込んでしまうほどの不思議な力がある。

「感動のシャワー」が、濁った水を透明できれいな水へと変えてくれるのである。

◆あなたを日々浄化する3つの方法

②の新しくきれいな水を一滴一滴入れ続けていく方法には、大きく分けて3つある。

(1)自己想念改善法
(2)対人暗示チェック法
(3)未来ワクワク想像法

(1)の「自己想念改善法」は、**自分の心の中に芽生えたマイナスな想いをチェックし、プラスな想いへと変えていく**ことである。

もし、何かマイナスなことを思った時、**「もう一人の自分」でその想いを打ち消しプラスな想いへ入れ替える**ことだ。

「痛いな、人にぶつかってきてなんて奴なんだ……」

朝のラッシュ時に急いで走ってきた人がぶつかってきた時、そんな「怒り」という

マイナスな想いが湧いてきたら、

「急いでいるのかな。まあ、しょうがないな。痛い思いはお互いさまだ」

と、すぐにプラスの想いに切り替えるといい。

「胃が何日もずっと痛み続けてる……もしかしてガンかもしれない」

そんな「恐怖」や「不安」というマイナスな想いが湧いてきたら、

「悩んでも始まらない。明日にでも病院に行ってみるか」

と、いつまでもマイナスな気持ちを引きずらないよう、気持ちを切り替えることだ。

(2)の「対人暗示チェック法」は、**周囲から入ってくるマイナスな情報を遮断しプラスな情報だけを取り入れる方法**だ。
大半の人が他人の言葉に影響されるものである。

今まで元気でいたのに、友達から「お前、評判が悪いぞ」などと言われれば誰だって落ち込む。

「お前は対した能力がないんだから出世なんて無理だよ」

「絶対に成功なんかするわけがない。あきらめろ」

そんな非難中傷は、あなたの心に「不安」というマイナスな感情を生む。

ましてや目の前にいる人の直接の言葉ではなく、間接的に聞く嫌なうわさ話もあなたの心を動揺させる。


「田中さんが、あなたのことを悪く言っていたぞ」

「隣の課の松本さんがあなたのミスを笑っていたわよ」

そんな悪い噂を聞くと、「怒り」というマイナスな感情を生む。

そんな「不安」や「怒り」を生むマイナスな情報は、そのまま素直に受け入れてはいけない。心の奥底に入らぬように**プラスの想いで遮断しよう！**


「大丈夫、大丈夫、私は絶対に成功する」

「私だってやればできるんだ。心配するな、ファイト」

「気にするな。自分のことは自分が一番よく知っているのだから」

と、**プラスの言葉の力**で一切ひっかからないようにするのである。

夢を実現し、願望を達成するには、いちいち人のことを気にしていては、前に進めない。とにかく無責任でたわいもない評論家的な意見はごまんとあるものだ。

(3)の「未来ワクワク想像法」は、想像力をフルに使い、プラスのことのみを想像し、プラスの言葉のみを選んで口にし、プラスのことが起きることを期待して日々振る舞う方法である。

「将来、絶対に大きな一戸建てを買うぞ」

「海外に別荘なんか持つのもいいな」

「私は絶対に成功する。私はねばり強い方だからきっと大丈夫だ」

そんな、あなたに希望や夢を与えてくれるようなプラスの言葉を、ことある毎に口に出し、将来の輝かしい自分の姿を想像するといい。

大切なのは、**悪いことや不安なことは一切忘れて良いことのみを想像する**ことである。そうすれば、ワクワク、ウキウキというプラスの想いが、だんだんと全身を温かく包み込み、濁ってしまった心をどんどん浄化してくれるのだ。

以上の3つの方法を活用すれば、どんなに頑固に心の水槽の底にこびりついたヘドロといえども一掃されるのである。

そして、水槽の水がきれいになった時、その透明なガラスを通して財宝の光が、あなたのもとへと差し込み始めるのである。

それがひらめきであり、インスピレーションであり、アイディアであり、気づきであるのだ。

それらの声に素直に従った時、突然シンクロニシティが起き始めるのである。

その声は、豊かさに満ちており、不可能を可能し、限界を打ち破る英知に満ちあふれている。時にはそのひらめきがあなたを窮地から脱出するためのヒントになることもあれば、富を築くきっかけとなる素晴らしいアイディアになることもあるのだ。

すべての人がその声を聞くことができる。

ただし心の水槽をきれいにし、クリーンにして初めて聞けるのだ。

感情をコントロールする方法

◆マイナス感情は体と人生の毒になる

先程の水槽の例で言うならば、心の水槽の水を汚すものにはどんなものがあるだろう。一言で言ってしまえば「マイナス感情」だ。

怒り狂っている人の体液には、**多くの毒が発生している**と言われる。

怒り、恐れ、悲しみというのは、マイナスの三大感情と言われるものである。

これらの感情をもった人の吐く息を集めて、結晶化し、モルモットに注射しただけで、モルモットが胃潰瘍になったり、心筋梗塞を起こしたり、そこまでいかなくても毛が抜けたりするという。

それほどマイナス感情というものは、自分自身にとっても百害あって一利もないものだ。だから何としても、感情をコントロールする必要がある。

それでは、マイナス感情はどんな時生じるのだろう。

それは**自分の思い通りいかない時**である。

誰だって調子のいい時、物事がうまくいっている時、体が健康でお金の心配もまったくなく、仕事も人間関係もすべてスムーズな時にはルンルン気分になれるだろう。もちろんそんな時は、いちいち自分の感情をコントロールする必要もないのである。

しかし人生はそうは言ってはいられない。一歩世間に出れば、多くの敵がいる。大半の人が、自分中心で物事を進めることしか頭にない。だからいろいろなトラブルが生じてしまうのである。

そんな世間の荒波やトラブルにもまれているうちに、誰もがマイナス感情をため込んでしまうのである。

「頭に来ている時は、頭に来る原因があるんだからしょうがない」

「腹を立ててる時には、私だけが悪いんじゃない」

「周りが言うことを聞かないからイライラするんだ」

自分にとって思い通りいかない時、こんな風に周囲のせいにしたくもなるだろう。しかし、これでは何も解決はしない。かえって事態は悪い方向に傾いていくものだ。嫌なことやトラブルに出くわすと、立て続けに同じ様な悪い事に遭遇する。一日のスタートが悪ければ、決まって最後までうまくいかない。腹の立つことが目の前に起きて嫌な気分になれば、その感情を引きずったまま行動していると、さらに悪い方向に事態は悪化していく……。

そんな経験は誰にもあるはずだ。

これらは、すべてマイナス感情が引き寄せた結果である。

◆「発想の切り替え」でプラスにコントロールする

もちろん、人間ならば頭に来ることもあれば、腹を立てたい気持ちになることもあるだろう。しかし、その時に一緒になってマイナス感情を持ってしまえば、悪循環は一向に途絶えることはないのだ。
たとえ**他人からマイナス感情をもらっても、それをプラス感情に変えるようにコン**

トロールすることだ。

他人を思うように変えることは、どだい無理な話である。

また、突発的なトラブルを事前に予想することも不可能である。

しかし、自分を変えることは今日からでもできる。自分の感情をコントロールすることは十分に可能なことなのだ。

ならば、外部に求めることはやめ、自分を変えていこう！

「マイナス感情をいかにプラス感情に転換するか」。これは大成功するための、大切な秘訣でもある。

感情をコントロールする、とっておきの方法は発想の切り替えを行うことだ。

あなたにマイナス感情を持たせる出来事に対して、今までと発想を切り替えて考えてみることだ。

マイナスな出来事は、すべてあなたをワンランクアップの人間に成長させてくれる、なくてはならない出来事だと考えるようにするといい。

そして、そんなあなたを今以上に成長させてくれる出来事に大いに感謝することだ。

仕事に追われ忙しい時や、残業続きでクタクタな時に、

「あー、忙しくて嫌になる。あー面倒だ、面倒だ」

「今日も疲れたな。まったくこんなにこき使ってどういうつもりだ」

「毎日毎日残業ばかりで嫌になる……」

と、嘆いてマイナス感情を持つよりも、発想をほんの少しだけプラスに切り替えてみることだ。

「今日も一日頑張ったぞ。ミスもなかったし俺はきっと能力があるんだ」

「きっと私は会社に頼りにされているんだ。こんなに仕事を任されて」

「この不景気に仕事がない人もいるんだ。残業があるだけでも感謝だな」

もし、パソコンのソフトを使用中に予期せぬエラーが発生し、

「ちぇっ、なんで操作できないんだ。まったく最悪な商品だ」

「サポートセンターに全然電話がつながらない！　どうなってるんだ」

「あー、イライラするな。まったく時間の無駄遣いだ」

イライラや焦りなど、あなたの心の水槽を濁らせる感情を持った時でも、

「トラブル発生！　よしっ、また一つ操作方法を覚えることができたぞ」

「サポートセンターにつながるまで少し一息いれるか……」

「ここで一度きっちりマスターしておけば、同じ間違いを繰り返すことはないんだから、時間をかけてマスターしよう。きっと後で役立つに違いない」

こんな風に、目の前の出来事に対して少しだけ発想をプラス方向に切り替えてみると、不思議と心が楽になっていく。

「怒り」や「不満」といったマイナスな感情を持つ前に「いや、ちょっと待てよ」と、その中から発想を切り替えてくれる材料を探すことだ。

嫌なこと、頭に来ることこそ、心を強くしてくれる神様からのプレゼントである。

どんなマイナスな出来事でも、今あなたにとって必要だから目の前に起きているのである。その中からきっと得られるものはあるはずだ。

そして、それがどんなに小さくても得られたことに感謝することだ。

感謝という気持ちは、心の活力を一気に充電してくれる「フルパワー充電器」の働きを持つ。一気に、私たちに「やる気」という素晴らしいプレゼントを与えてくれるのだ。

自分を励ますテクニックで自分を支える

◆自分だけは自分を見捨ててはいけない

仕事や人間関係など、困難や大きな壁にぶつかった時、周囲の人たちの励ましがどれほど大きな支えになることだろう。人は、誰かの励ましによって心が元気になる。いつでも周囲の大きな励ましや、温かい声援を間近に受けることができたなら、きっと「挫折や不安」など生まれはしないだろう。

それに、常に前向きに考える癖を自然と身につけることができるはずだ。子供の頃、両親からの暖かい愛情をたっぷり受け、十分な励ましを受けてきた人はそれだけで運命をコントロールできるくらい、大きな心のエネルギーを持っていることになる。

しかし、人生はいつまでも親がいてくれるとは限らない。

また、いつも他人の励ましを期待できるとも限らない。

そんな時、**唯一励ましてくれるのは自分だけ**である。

自分で自分自身を励まし勇気づける人のみが、自分の運命を操ることができる。

もし、**この世界のすべての人があなたを見捨てるようなことがあっても、あなた自身は決してあなたを見捨ててはいけない。**

しかし、大きな失敗や悪い状況に出会うと、こんな風に自分で自分を痛めつけてしまう。

「どうして私はあんなミスをしたんだ。みっともない」

「俺はこんな人間だから出世できないんだ」

「どうせ俺はどうしようもない人間なんだ」

「一体俺は何をやっているんだ、こんな大事な時に……情けない」

起きてしまった出来事に対する後悔や悔しさの念から、このように自分を叱りつけてしまうのである。

これでは心は永久にイキイキと明るくはなれはしない。マイナスな言葉でいつまでも自分を痛めつけていれば、心の水槽は濁ってしまうだけだ。

そんなことでは、大成功を呼ぶシンクロニシティは目の前には決して起きてはくれないのである。

どんな悪い状況であろうとも、決して自分を責めてはいけない。

たとえどんなに周囲が非難しても、自分だけは自分を力強く包み込み、守ってあげることである。そして、何よりも自分のことを大好きになることである。

自分をどんな状況でも誉めてあげられる人は、「自信」という偉大なエネルギーを授かることができる。

◆ゴールまでの燃料は「自信」

大成功するためには「自信」はなくてはならない燃料の一つである。

未知の遠く離れている成功というゴールへ向かって走り続けるためには、「自信」という燃料がなくては走り出すことはできない。

もし、成功までの道のりが険しく永く、時間がかかるのなら、たくさんの燃料がなければ走り続けることは不可能だ。

また、「トラブル」「失敗」「挫折」といった、いくつもの険しく大きな山を越えて行く過程では大量の燃料を消費してしまう。

そんな数々の険しい山を越えていけば、ゴール目前でガス欠になってしまうこともある。ガス欠になってしまえば燃料を補給しなければ、その場からは一歩も先には進むことはできないのだ。

大半の人が燃料を補給できずに「成功」というゴールにたどり着く前にガス欠になり、その場でリタイアしてしまうのである。自信を持てずに、ゴール目前で成功をあきらめてしまうのである。

しかし、もしガス欠になったとしても周囲から「自信」という燃料が、いつでもすぐにあなたへ補給されればどうだろう。

きっと満タンに力をつけたあなたは、ゴールに向かって再度走り始めることができるに違いない。「トラブル」「失敗」「挫折」、いくつもの山を越えてきっとゴールまで到着できるはずである。

だが、そんな貴重な燃料も周囲からいつでも補給されるとは限らない。困難に直面した時、いつでも周囲の大きな励ましや温かい声援を間近に受けるとは限らないのだ。

ならば、いつでもすぐに「自信」という燃料を自分自身で補給していくことである。

たとえどんな境遇にあろうとも、事態が悪化しようとも、そこから抜け出す方法はただ一つ。**自分で自分を褒め、励まし、大いなる声援を贈ること**である。

今以上にもっともっと自分を励まし好きになることだ。

自分を愛し、自分を受け入れ、自分自身をいとおしく、大切に思い始めたなら、心のエネルギーがぐんぐん充電し始めるのである。

そうすると、どんないくつもの険しい山々をも全開で走り続けるだけの心の力強さを身につけることができるのである。

心に成功の楔を打ち込む

◆やる気がなくなる3つの要因

夢を実現し願望を叶えるためには、まず思考を鮮明にすることが大切である。どんな時でも自分の成功が確信できるようになれば、もう成功は間近である。自分の成功している未来の姿が、はっきりと見えるようになればなるほど、そのゴールは近い。

しかし、熱烈に描いた未来の成功像でさえも、次のような時にはだんだんぼやけてしまう。

・なかなか成果が現れない
・周囲の意見に惑わされてしまう
・迷い、不安が生じる

なかなか成果が現れなくても、どんな逆境に遭遇した時でも、成功に対する迷いや不安が生じた時でも、いつでも自分自身で自分の想いを奮い立たせることである。成功という輝かしい未来を、より確実に引き寄せる方法は、**自分の「やる気」に火をつけ続けること**である。

そして、再び「やる気」に火をつけることができる人は、必ず成功を手にできるのだ。

しかし、いくら「よし、明日から自分を奮い立たせるぞ、やる気に火を付けるぞ」と勢いよくスタートを切ったとしても、自分の想いが曖昧であるならば長続きはしないだろう。

ただ漠然に「成功がしたい」だけでは成功はありえないのだ。

まずは**自分の想いを整理し、心の中の「願望」を白黒はっきりさせる**ことが大切である。はっきりとしないグレーな気持ちのままでは、決して成功は実現できないのである。

「願望」が曖昧であるから、周囲の意見に左右されてしまうのである。窮地に立たされた時などは、誰でも自分の想いに迷いが生じるものだ。

「果たして本当に私の願望は叶うのだろうか……」

「周囲が言うように無理なのではないか……」

「やはりあきらめた方が賢いのか……」

そんな窮地に陥った時ほど、周囲の意見の方が正しく聞こえたりするものだ。

たとえそれが間違った意見やアイディアだとしても、**「不安」や「迷い」が安易に心動かしてしまう**。

誰でも成功の波に乗って物事が順調にうまく進んでいる時には、心にも余裕があり、的確な判断もできる。

しかし、窮地に陥った時というのは心に余裕が持てず、判断能力が鈍ってしまうのだ。

そんな心の状態であれば、明らかに間違いだとわかっている意見にさえも、簡単に心動かされてしまうのである。その結果、大きな損失を招き、後悔をすることにもなりかねないのである。

他人の意見の通りに指図されるがまま行動することは、いたって簡単なことである。精神的リスクも少ないであろう。しかし、他人任せにしていたのでは、そんなに大きな成功は望めない。

大成功という輝かしい未来を手にするためには、「不安」や「迷い」はつきものである。成功を勝ち取るまでには、数々の「不安」や「迷い」があなたを襲うことだろう。

しかし、そんな時でも決して心を動かされてはいけない。たった一度の自分の人生である。自信持って思うがまま前進することだ。

あなたは自分の運命の最高指揮官である。どんな状況でも自分が判断し、思いのままに決断する権利があるのだ。

自分の思った人生を思うがまま生きることだ。それが真の成功というものだ。

他人まかせの人生では、成功した喜びも感動も半減してしまう。

さあ、思い切って決断することだ。あなたが決断し、指示命令しなくてはあなたの運命は決して動きはしない。今以上に好転されてはいかないのである。

決して周囲に惑わされてはいけない。周囲の意見に左右されずに自分が決めた熱い想いを持ち続けよう！

◆強烈な「成功の楔」を日々打ちつける

そして、熱烈に描いた成功像がぼやけてしまわないように、**常に心の底にある「願望」を明確にして、心に強烈な「成功の楔」を打ち続けること**が大切である。

「必ずこうなりたい」「こうなるんだ」「こうなってやる」という強く熱い想いである「成功の楔」を日々、自分の心に打ち続けていくことだ。

他人の非難中傷やほんの少しの迷いや不安に対しても、ちょっとやそっとでは抜けないくらいに強烈に、心の奥深くにこの「成功の楔」を打ち込むことである。

「私は英語をいかした仕事で必ず成功する」

「私はネットを使ったビジネスで成功を手に入れたい」

「私は多くの人に喜んでもらえる商品を開発したい」

「販売という仕事に携わって多くの収益をあげるんだ」

「海外に支店を出して、世界を飛び回りたい」

「会社の売上を年商1億にするぞ」

そんな、あなたの**「願望」の固まりである「成功の楔」を繰り返し打ちつけよう！**

私たちの想いは、たとえるなら嵐の後で、多くの雨水を含んだぬかるみ（土壌）である。

そのぬかるみに、「願望」の固まりである強烈な「成功の楔」を1本打ちつける。ぬかるみは土壌が柔らかいため、ほんのちょっとでも気をゆるめてしまえば、たちまち打ちつけた楔は傾き始めてしまうのだ。

あなたはそのぬかるみに打ち込んだ「成功の楔」が夢実現、願望達成というゴールを手にするまで倒れたり、抜けたりしないように見守らなければならない。

周囲からの非難や中傷が「雨」であれば、あなたの心の迷いは「風」である。時には雨風が予想以上に吹き荒れ、「成功の楔」に容赦なく降りかかることもあるだろう。そんな時にでも、あなたがいつも倒れないように守ってあげることだ。

時には楔が傾かぬよう、新しい土を補充し周りを固めてあげたり、また時には楔が抜けてしまわないように、力強く打ちつけてあげたりすることが必要となってくるのだ。

補充する新しい土や楔を打ち込む力は、あなたの「願望」の強さである。

この「願望」に対する想いが強ければ強いほど、また、想いの量が多ければ多いほど、「成功の楔」は倒れることなく深く打ち込まれたままでいることができるのだ。

「願望」を日々熱く想い続けよう！

そうすれば、必ず成功は訪れる。

シンクロニシティは起きるのだ。

そのためにも「願望」を明確にし、未来の成功像を熱烈に描くことである。

行動力が運命の明暗を分ける

◆すぐに行動に移す人が幸運をつかむ

幸運の女神は、行動力のある人が大好きだ。

「断じて行えば、鬼神もこれを避ける」のである。断々固として踏み出そう。実行に移すのだ。思いきって行動し、火の玉のように突っ走れば、どんな障害や困難も簡単になぎ倒すことができる。

思っていても始まらない。すぐに行動に移せば必ずいい結果はでる。理性（頭）だけで考えず**思い切って行動に移せば、素晴らしいシンクロニシティが起きる**のである。

水泳の飛び込みで、飛び込み台から水面をながめ、その怖さに怯え「どうしよう……」と理性（頭）で考えているとますます恐怖感がつのってくる。

いざ飛び込もうとしても、理性（頭）で余計なことばかり考えてしまうから、一歩も前には進めなくなってしまう。

ところが、何も考えずに思いきって飛び込めば何のことはない。

思い切って飛び込んで一度その快感を経験してしまえば、次回からは何度でも簡単に挑戦することができるのである。

また、それ以上に困難なことにでもチャレンジできるようになるのである。

スキーにしてもそうだ。滑れるようになるまで理性（頭）でいろいろ考えてしまうと上達は遅い。

「転んだらどうしよう……」

「こんな急な傾斜、もしスピードが出すぎたら大怪我するぞ」

「もし、前の人にぶつかったら……」

「このまま止まりきれなかったらどうしよう……」

こんな思いばかりで頭がいっぱいであるならば、上達にはかなり時間がかかるだろう。いくら頭で考えても思い切って滑り始めなければ何も身につかないのだ。

思い切って行動に移せば、その度に何か新しいコツやアイディアが必ず降って湧いてくる。

「あっそうか、ここで右足に少し力をいれるだけで曲がれるぞ」

「軽く膝を曲げてみるとどうだろう……」

シンクロニシティという素晴らしいアイディアが、どんどんプレゼントされるのだ。

そして、そのアイディアに従って滑り始めるとグングン上達していくのである。

しかも、無理だと思っていたスキーも一度マスターしてしまえばあとは簡単だ。

永遠に滑り方を忘れることはない。何年もブランクがあっても必ず滑れるのである。

また、次にスノーボードという新しいスポーツにチャレンジしようとしても、スキーほど時間をかけずにマスターできるようにもなる。

一度成功を経験すれば、次の成功も短期間で手にすることができるのだ。

◆理性で言い訳を考える前に実行！

よく「大人より子供の方が何事も上達は早い」と言われる。

それは、子供は大人に比べ、あれこれ余計なことを頭で考えないからである。スポーツにしても、ゲームにしても大人顔負けの上達ぶりをみせるのも、頭でいろいろ考えずに思い切ってすぐに挑戦するからである。その結果、どんどん能力アップをはかり、気がついたら完璧にマスターしているのである。

人生や仕事における成功でもこれと同じことが言える。

理性（頭）でいくら余計なことを考えても思い切って行動しなければ、新しいアイディアやコツは絶対に手にすることはできない。

成功を手にできる人は、思い切って踏み出すことのできる人である。

そして、一度成功を手にした人は、次々に成功を重ねていく。どんな新しい分野に挑戦しようとしても必ずといっていいほど良い結果を招くのだ。

しかし、なかなか成功を手にできない人は、理性（頭）ばかりが働いて、なかなか踏み出すことができない人である。

つまり、心の奥底の想いである「成功したい」という本心よりも「どうせ無理だろう」という理性（頭）のほうが勝ってしまうのである。

だからいざ行動すべき時が来ても言い訳ばかりで、チャンスをみすみす逃してしまうのだ。

「今はチョット忙しいから……」

「まだ完璧に条件は整ってはいないからあとで……」

「まだ歳が若すぎる……」

理性（頭）だけで考え、いつまでもこのような言い訳をしていると、永遠に成功はつかめないのである。これでは幸運の女神も逃げてしまう。

また、ひらめきやアイディアがあなたに与えられても、肝心のあなたが理性（頭）によってそのアイディアを打ち消してしまっては、シンクロニシティも起こりはしないのである。

◆ひらめいた時がチャンス

ふっと頭に浮かんだひらめきやアイディアを理性（頭）で打ち消し、「あの時こうしておけば良かった」という思いをしたことは、日常で誰もがよく経験することである。

しかしこれは、目の前に訪れたチャンスでさえも逃してしまうこともあるのだ。

「君、今度海外に駐在してくれないか」

「えっ本当ですか、嬉しいな！　でも英語が話せないので……」

「今度、会社を設立するんだが、一緒にやらないか」

「えっ本当ですか、嬉しいな！　でもまだ準備ができてないので……」

「ぜひ、ご体験を本にしていただきたいと思います」

「えっ本当ですか、嬉しいな！　でも、文章力がないので……」

こんな時、**いかにすばやく本心に従って行動に移せるかが、運命の明暗を分ける。**

大半の人たちは、変身願望を持ちながらも、いざと言う時には尻込みしてしまう。

理性（頭）だけでいくら考えても出てくる結果は、言い訳か不安材料ばかりである。

素直な軽い気持ちで「えい！　や～！」と、降って湧いたひらめきやアイディアに任せて積極果敢な行動をしてみると、案外心配していたこと、不安に思っていたことだっていっぺんに解消することだってよくあるのだ。

事実、心配や不安の種は、いくら頭で考えても解決はしないものだ。「成功したい」「こうしたい」とひらめいた時、思った時がチャンスである。

勇気を出して行動しよう！　行動すれば必ず大きなチャンスをものにできる。

理性（頭）でいくら考えても何も始まらない、ただ目の前のラッキーチャンスを逃すだけである。

突然、頭に降って湧いたひらめきやアイディアがまさにシンクロニシティをもたらす合図なのだ。その合図に従って思い切って踏み出せば、きっと「人生大逆転のチャンス」が必ず訪れるのだ。

待ってばかりでは、永久に事態は変わらない。自らが行動を起こし、周りをも引き込むことだ。

チャンスは、いつだってあなたの目の前に現れているのだから。

3章

チャンスを確実につかむ習慣

The Way of Making Synchronicity which Grants Your Wishes

成功者に共通する2つの習慣

◆目的を具体的にする人ほど成功する

アメリカのある有名なビジネススクールが何年にも渡って卒業生を追跡調査し、人生の成功についておもしろい調査結果を発表した。

まず、**人々の生涯を終えるまでの生活ぶり**を詳細に調べた結果、次のような4つのグループに分かれたのである。

①人生で大成功を手に入れたスーパー成功者……人口の約3％
②まあまあの成功を収めることができた人………人口の約20％

③日々の生活に追われ続けてきた人……………人口の約60％
④人の世話になりながら人生を送った人…………人口の約17％

そして、さらに調査を進めていくうちに、**成功者達に共通してみられる点**が明らかになった。それは次の2点である。

・**願望が明確ではっきりとした目標**を持っていた
・願望を**紙に書き出していた**

①の大成功した者、②のまあまあの成功を手に入れた者すべてが、**願望を明確にし、常に自分の掲げた目標を意識しながら生活**をしていたのである。

そして、**3％に属する①の大成功した者だけは、さらにその願望をいつも紙に書き出していた**人たちだったのである。

③の日々の生活に追われていた人や、④の人の世話になりながら人生を送った人たちは、もちろん紙に書くどころか、将来自分が何をしたいのか、どんな目標を持って

生きたいのか、まったく考えもしないまま生きてきた人たちだった。

つまり、何の願望も持たず、はっきりとした目標も掲げずに、ただ流されるがまま生活を送ってきた人たちであったのだ。

このように具体的に目標を持ち、その目標を常に意識しながら生活することは、私たちの将来に大きな影響を及ぼすのである。

パワーを発揮する願望の描き方

◆明確ではっきりした目標を描くために

大半の人たちが「成功したい」と口にする。しかし実際、成功を手にしている人は少ない。

それは、126ページの調査の結果からもわかるように、目標や願望が明確になっていないのだ。また、ぼんやり願望を描いてはいてもその想いは分散し、あいまいなのだ。多くの成功者達のその想いは、底知れないほど深く熱い。そんな強い想いを持ち続けられた者のみが、次々と成功を手にしているのだ。

願望を実現できる方程式は、次の通りである。

「願望達成＝想いの強さ × 想いの頻度」

つまり、願望に対する想いが強く、しかもそのことを何度も想い続けていればいるほど、早く願望は実現することができるのだ。

いかに強く毎日、「こうなりたい、こうなるんだ」と、願望に対して熱い想いを持ち続ける習慣にすることができるかがポイントとなる。

具体的に、願望が叶えられる描き方としては、次の３つのポイントがあげられる。

①願望がはっきりと明確になっている
②願望が一つに絞られている
③願望に対する想いが深い（強い）

私たちの願望がはっきりと明確で、一つにそれを絞り込むことができ、しかも日々その願望が叶うことを強く、熱く想い続けられるのなら、絶対にその願望は実現するのである。

◆心の引き出しを整理する

願望を明確にして一つに絞るには、まず**自分の「心の引き出し」をきちんと整理すること**である。

ただ漠然と「あれもしたい」「これもしたい」「こっちもしたい」では、永久に成功を手にすることはない。

漠然と想っているだけでは、ただただ無駄な時間を費やすだけである。まさに、126ページの日々の生活に追われるだけの60％にあなたも入ってしまうのだ。

あなたが「一番に成功させたい願望は何なのか」をはっきりさせることである。

家を建てる場合にもまず建築家に、事前に設計図を依頼する。その設計図ができたら今度は施工図だ。そこには事細かいことまで記載されている。すべてが明確になっている。もし、少しでもいい加減な所があれば、たちまち工事はストップしてしまうのだ。

しかし、心の中をきちんと整理し「これを絶対に成功させたいんだ」という熱い想いを明確にし、一点に絞れば、確実にしかも短時間で成功を手にすることができるのである。

心は一点に集めれば想像もできないほど、もの凄いパワーを持つ。

指で手のひらを押しても痛くも痒くもないのに、同じ力で先の尖った針で押すと、手のひらに穴が開き、飛び上がるほど痛い。同じ力でも一点に集中すれば集中するほど、とてつもないパワーを持つのである。

心の奥底にある熱き想いを一点に集中できる人が、物事を成し遂げ、成功を確実に手にできる人なのである。

◆「熱烈思考」でチャンスを強力に引き寄せる

良きにつけ悪しきにつけ、強く想ったことのみが叶う。

私たちの願いを叶えてくる宇宙の法則は、願望の内容が良いことなのか、悪いことなのかまでは判断はしてくれないのである。

ただ、どれだけその想いが強いかということだけで動いてくれるのである。

つまり、想いが強ければどんな願いであろうと宇宙は叶えてくれるのだ。

私たちが「成功できない」と強く想えば、将来成功できない人生が待っている。

反対に「必ず成功できるんだ」と強く想うならば、将来成功で満ち足りた輝かしい人生が待っているのである。

　ならば、自分にとって良いこと、ラッキーなことばかりを強く強く想おうではないか。

　熱く強烈に想った**「熱烈思考」は、強力な磁石のような吸引力を発する。**

　そんな潜在意識の奥の奥まで浸透するような強烈な想いはやがて、その**想いの実現に必要な人、物、金、情報などをどんどん引き寄せてくれる**のである。

「私はこういう仕事で成功したい！」と、日々強力な想いである「熱烈思考」を発信している人は、その仕事を成し遂げるための協力者が必ず現れる。

「今の問題をどうしても解決したい」と、いつも熱い想いである「熱烈思考」を発信している人は、その問題を解決してくれる情報を手にすることができるのだ。

　ちょうど**大きな竜巻のようにすべてを一瞬に巻き込み、引き込むような強力な吸引力が発生する**のだ。

　そして、あなたの願望に応じたシンクロニシティを次々に巻き起こしてくれるのである。それくらい強烈な「熱烈思考」は、驚異の吸引力を持っているのである。

　決して「どうせ想っても叶わないんだ」という、冷めた「冷却思考」などは持たないことだ。「冷却思考」では何も生まれない。

願望に対する想いはまさに恋愛と同じである。誰かに恋をすると心を熱くし、寝ても醒めても相手のことを想い続ける。

そのときめきは一瞬も心から離れない。仕事をしている時もくつろいでいる時も、常に頭から離れないはずだ。

そんな燃えるような恋愛と同じ想いで願望に恋し、その達成に対して熱烈にプロポーズすることだ。願望を最愛の恋人とすることだ。

もしあなたの願望が好きで好きでたまらない恋人と同じなら、そのことを想うだけで心がときめき胸の高まりを覚え、一時たりとも忘れたりはしないはずだ。

あなたが強烈な「熱烈思考」を発信していれば、必ず恋人は振り向いてくれるのだ。願望は達成されるのである。

決して、冷めた「冷却思考」では相手は振り向いてくれないのだ。

◆想っても叶わない人の理由

「人生はその人が想った通りにしかならない。想えば必ず叶う」

このように、私がある日の講演会で話をした時のことである。

講演終了後、ある一人の青年が私に次のような質問を投げかけてきた。

「先生、私は成功したいと想っています。でも先生のおっしゃるように人生想った通りになるとは思えないのです。実際、私はいつも成功したいと想っています。けれども一向に運は良くなってはこないのです。どうしてですか？」

「いいえ、そんなことはありませんよ。想えば必ず叶いますよ」

私が青年の質問に答えると、彼は首を左右に大きく振って再び私に話かけた。

「いいえ、絶対に想えば叶うなんてことはありえない。そんなことでは決して成功などはできないのです。現に私は成功していないのですから……」

「そうですか……。ではあなたは想えば叶うということを信じていなくて『成功したい』と想い続けているのですか？」

その私の問いに、青年は不満げに私の顔を見つめながら答えた。

「そうです。しかし、私はいつも『成功したい』と想っていますよ」

「そうですか。**それでは、あなたは絶対に成功しないでしょうね**」

その青年は、私のその答えに驚き、訴えるように再び私に言い寄ってきた。

「なぜですか⁉　先生は想えば叶うといつも講演でおっしゃっているじゃないですか！」

「もちろん想えば叶いますよ。私は心の底からそう信じていますよ。しかし、あなたは**『成功したい』という想いよりも、『想っても叶わない』という方を強く信じていますね**。強く想っていますね。つまり『想っても叶わない』という想いの方が、『成功したい』という想いより勝っているのです。だから、**『想っても叶わない』という現実をもたらしているのです**。ほら、あなたの想い通りになっているではないですか」

その青年は一瞬驚いた表情を見せ、そして、私に次のように言った。

「そうでした。私は『想っても叶わない』と、いつも強く想っていました。『成功したい』と想う反面、いつも『どうせ成功するわけがない』と強く想っていました。だからなかなか成功しなかったのですね……。わかりました。今日からは心を入れ替えて先生のおっしゃる通りに想えば叶うことを強く信じて『成功したい』ということだけを想い続けます」

そう言うと、青年は私に向かって深々と頭を下げるとその場から去っていったのだった。

3%の大成功者は必ずやっている「紙に書く」習慣

◆「紙に書き出す」驚異の効果

大成功する3%は、**願望を紙に書き出していた**。

願望を明確にし、一つに絞り、熱烈に想う。これを強力にサポートしてくれるのが、紙に書くという方法である。

紙に書き出すことは、具体的に目標を持ち、常にそれを意識する一番簡単で、しかも効果的な方法なのである。

なぜなら「紙に書き出す」という作業には、**3つの大きな力**（視感覚、聴感覚、触感覚）**を一つに結集できる唯一の方法**だからである。

この「三大感覚」の刺激が、私たちの潜在意識もまた大きく刺激するのである。

視感覚……書き出す時と同時に、文字を目で追いながら視覚を刺激
聴感覚……書き出す時と同時に、文字を心で唱えながら聴覚を刺激
触感覚……書き出す時と同時に、鉛筆を握った指で触覚を刺激

願望を紙に書き出す時には、必ずその書かれた文字を一字一句目で追いながら、そして心の中では書き出す文字を**一字一句唱えながら**書くものだ（耳元でささやくくらいの声で、実際に口に出すともっといい）。

しかも、書いている時には鉛筆をギュッと握りしめ、**手には圧力を掛けながら**一文字一文字、自分の力で書いていく。

ただ見るだけでなく、ただ唱えるだけでなく、「紙に書き出す」ということで、同時に3つの刺激を与えることができるのである。

つまり、願望を紙に書き出すことによって、「三大感覚」を刺激することで、その願望がより強烈に潜在意識に届くのである。

私も二十歳代の半ばから今日に至るまで、自分の叶えたい願望があると、その度に紙に書き出していった。自分に身につけたい能力、理想とする性格、なりたい自分、そして手に入れたいもの、職業、地位、年収、財産、望ましい人間関係……今、叶えたいと思う願望を書き出したのだ。

そして、一つが叶うと次の願望、叶うとまた次の願望、といった具合に何度も願望を紙に書き出していった。

なんと、**不思議と書いた願望のほとんどが叶っている**のである。

その当時には夢物語だったこともきちんと叶っている。本を出版できたこと、何千人の前で講演すること、会社を持つこと……小さいことをあげればそれこそきりがない。

また、願望を書き出した紙を**常に目につく所に貼る**のも、とてもいい方法である。眺める度に、潜在意識にインプットされることはもちろんであるが、常に願望を心で意識明瞭に受けとめることができるからである。

また、願望を紙に何度も書き出していくと、**新たな素晴らしい4つ目の感覚も刺激されてくる。**

それは、**ワクワクドキドキ**といった、私たちの心を浄化してくれる素晴らしい「心の熱烈度」が高まるのである。心が強く熱く刺激され始めるのだ。

自分の叶えたい願望を紙に書き出していくと、何とも言えない躍動感が心を走り抜ける。何だかすぐにでも願望が叶うようなそんな希望も湧いてくる。

◆実現を加速する願望の書き方

願望を紙に書き出し、より早く現実化するためのポイントは次の4つである。

①一つの願望に絞り込む
②最低一日3回以上は書く
③達成期限を決める
④叶うまで書き続ける

まず、一つの願望に絞り込み、その願望を毎日最低3回以上は繰り返し書くということを必ず行い、毎日続けることだ。

そして、その願望が叶う期限までもきちんと決めることだ。

あとは叶うまで書き続けることである。

◆夢を実現する魔法のノート

ある訪問販売の仕事に携わって8年目の女性がいる。彼女は、ここ2、3年スランプ状態が続いており、一向に売上が伸びずに悩んでいた。

ある日、私が講演会でこの「紙に書き出す」という話をしたところ、彼女はその話を聞いて「これしかない」という思いですぐに実践に移したそうだ。

まず、彼女は文房具屋で新品のノートを購入した。そのノートの表紙には明るくユーモアあふれる彼女らしく**『夢を実現する魔法のノート』**と大きく表題を書いた。

そして、彼女の一番の今、叶えたい願望を書き出した。

「9月末までに大物顧客が絶対に現れる！」

その日から毎日毎日暇を見つけては、この願望をその魔法のノートに書き出していった。

朝起きて仕事に出かける前に1回、お昼休みに1回、3時の休憩に1回、夕食を終えて1回、夜寝る前に1回……。1日でノート1ページが「9月末までに大物顧客が絶対に現れる！」という文字で埋め尽くされるまで、暇を見つけては書いていったのだ。

ある時、昼食時間に彼女が『夢を実現する魔法のノート』に願望を書いていると、同僚の女性がその姿を見つけて話しかけてきた。

「あなた、何してるの？　それおまじない？（笑）」

「ええ、そうよ。これは夢を実現してくれる魔法のおまじないなの」

「えっ、まさか嘘でしょう（冷笑）」

同僚の女性は、彼女のその答えに半ばあきれたように笑いながら立ち去って行った。

しかし、彼女はそんな同僚の態度も気にせずに毎日毎日書き続けた。

そして、**ある日とうとうシンクロニシティが訪れた**。

紙に書き始めてから3カ月目のことである。

それはちょうど、あの『夢を実現する魔法のノート』にも書いた9月末の頃だった。

彼女がお昼の食事をするために、たまたま立ち寄った小さな洋食屋さんでそこのママさんとすっかり意気投合し仲良くなった。そして、話がトントン拍子に弾み、商品をまとめて購入してくれることになったのだ。さらに嬉しいことに、ママさんが友人を大勢紹介してくれるという。

そのママさんは周囲からの人望も厚く、その町内では知らない人はいないほど顔も広く、皆、「ママが薦めるのなら」と、喜んで商品を買ってくれたのだった。

そして、たった1週間でなんと3カ月分の売上を達成してしまったのだ。

彼女のそんな大成功を同僚たちが見逃すはずがない。以前、彼女のことを笑った同僚も彼女に声をかけてきた。

「凄いわね！　おめでとう。どうやってそんなに売上を上げることができたの。私もそんな幸運にあやかりたいわ」

その言葉を聞いた彼女はカバンの中からあの『夢を実現する魔法のノート』を取り出し、ニコッと微笑んで答えた。

「大丈夫、あなたもこのノートを使えばラッキーなことに巡り会えるわよ」

「あら、それあの時あなたが一生懸命書いてた……おまじないの……」

それから、彼女の職場では『夢を実現する魔法のノート』が大ブームを巻き起こしているという。

そして、彼女もまた次の新しいノートを買い、第2の願望達成を願いながら毎日書き出しているという。

今私は、書くことの素晴らしさ、そして書くことにより願望到達への早さを心の底から実感している。書くことはきっとあなたにも素晴らしい力を与えてくれるはずである。

書くことで願望が明確になり、はっきりと目標が見えてくる。

しかも、その目標を達成するアイディアまでもどんどん湧いてくるのである。

簡単なことだ。**鉛筆一本と紙一枚さえあればいい**のである。

しかもその効果は計り知れないほど大きなものだ。

あなたも人生を一打逆転し、満塁ホームランをかっ飛ばしたいのなら、まず願望を書き出してみることだ。

成功の先取り「富裕感オーラ」をまとう

◆成功の先取りをする

「経済的に余裕ができたら、自分のやりたいことをやるのだが……」

「成功してお金持ちなったら親孝行をするのだが……」

「出世でもしたら将来設計を真剣に考えるのだが……」

「就職が決まったら何が本当にやりたいのかを考えるのだが……」

「成功したら、あるいは条件が整ったら……しよう」

あなたが、もしこんな風に考えているのであれば少々情けない話である。

これではとうてい成功は望めないだろう。成功してから始めるようでは遅いのである。

成功する秘訣、それは**「成功の先取り」**である。

成功する前に成功しているかのように行動すること、想うことがポイントである。なぜなら潜在意識は今、あなたが想っている心のあり方、状態を一瞬の休みもなく素直に受け入れるからである。

そしてあなたから渡されたそのイメージ通りの結果を、現象として目の前に引き起こすからである。

「成功したら……」ということは、「今は成功していないので……」と同じ意味になってしまう。それならば、潜在意識は「成功しない」と受け入れてしまい、これではいつまでたっても成功は目の前に現れてはくれはしない。

私たちが成功するためには何と言っても「成功できるんだ」という強い信念を持つことがもっとも大切である。成功するということは何かに向かって行動することであり、必ずできるんだという信念がなければ、困難や挫折に対してすぐにペチャンコになってしまう。

成功を願わない人はいない。しかし、本当に心の底から成功を願わなければ、絶対に成功は掴めないのである。

◆成功する人のオーラを手に入れる

成功する人は次のようなタイプである。

①成功すると信じて行動を起こす人
②失敗をしないよう細心の注意を払いながら思い切って踏み出す人
③人の批評や中傷をアドバイスと受け取り行動する人
④成功するための代償や犠牲を快く払える人
⑤自分には隠れた能力やアイディアがあると信じている人

将来、成功を掴める人たちは、必ずと言っていいほどいつも**「富裕感」というオーラを出している**。

今現在、成功していなくても、将来の自分の成功を信じ切っている、いつもそんな「富裕感」というオーラで包み込まれているのである。つまり、いつも心にゆとりがあり、「絶対に自分なら成功できるはずだ」という自信で満ち溢れているのである。

いつも「富裕感」に満たされていれば、少々の失敗や問題事でめげたり、心を荒立てたりはしなくなる。心に余裕があるから、問題ごとが起きてもいつも冷静で的確な判断もできるようになるのである。

「富裕感」があれば、失敗や挫折に直面してもすべて成功の糧と前向きに変えることもできる。失敗を将来の財産と考えられる大きな心の器を持つことだってできるのだ。

◆富裕感オーラは豊かさを引き寄せる

私たちの想念はいわば磁石のようなものである。同じ者、同じ事柄、同じような情報を引き寄せる仕組みになっている。

もし、あなたがいつも「貧困感」で心が満たされているならば、同じ「貧困感」を持っている人があなたの目の前に現れ、もっと「貧困感」を味わうような事柄を実際に起こしてしまうのである。

しかし、常に心を「富裕感」で満たしているならば、同じ「富裕感」を持った人たちがあなたの周りに集まり、「富裕感」を感じさせる事柄を与えてくれる。

私も独立し、少しずつ成功の階段を登っている過程で多くの人たちと出会ってきた。今思えば、その時の私と同じ考え方、同じように何かの夢に向かっている人たちと不思議とご縁が多かった。まるで、**自分の写し鏡のように似たような人たちが周りに集まってきた**のである。

そして、私の独立の支援となるアイディアや協力を惜しみなく与えてくれる人たちばかりだったのである。今ではもちろん、知り合う人のほとんどが明るく、イキイキとした「富裕感」でたっぷり満たされている人たちばかりである。

「富裕感」というオーラに包み込まれている人は、他人にプラスの刺激を多く与える。時には大きな激励で周囲の人たちを励まし、問題ごとが起きてもテキパキと片付けていく。そんな「富裕感」を持った人たちとご縁をつくるためにも、自分自身が「富裕感」を身につけることだ。

結果を先取りすれば、必ずその結果が目の前に起きる。あなたが「成功する」結果を常に心に描き想い、その「富裕感」を先に感じることができれば、必ずその通りの結果を引き寄せる。「もう成功したんだ」「成功したからこうしよう」という、心の「富裕感」で満たされれば間違いなく成功者になれるのである。

毎日言葉のパワーを使う

◆言葉の魔力で成功を先取りする

成功するには、結果を先取りすることが大切だ。もうあたかも、その願望が実現されたんだと思いこみ、行動することである。

そのために、**「言葉の魔力」が大いに役立つ**。

成功を手にするまでには、必ず不安や疑問はつきものだ。

「果たして、これで本当に大丈夫なのだろうか？」

成功を目指す過程では、そんな不安な気持ちが必ず起きてくるものである。

そんな不安や疑問を吹き飛ばし、自らの成功を信じて一歩一歩前進するためにも

「言葉の魔力」を大いに使うことだ。これを使って実際に成功を手にした気持ちを先取りするのだ。

言葉は言霊《ことだま》と言われ、物事を実現する力を持つ。

「叶う」という字からもわかるように、**口に出して毎日十回以上唱えていることは確実に叶う**のである。

◆「言葉＋感情」で実現力はアップする

特に、言葉に感情が伴うとものすごい実現のパワーを持つ。

たとえそれが、本人にとって**都合のいいことでも悪いことでも、潜在意識は一切区別せずに叶えてくれる**のだ。

現に疲れやすい人は、いつも「疲れた、疲れた」と言っている。体の具合が悪い人は「ここが悪い、あそこが悪い」と言うことが口癖になっている。

運の悪い人は、いつも「運が悪い。ツキがない」とぼやいている。

お金が慢性的にない人は、「生活が苦しい。やりくりが大変だ」と言い続けている。

マイナスな感情にどっぷりつかりながら、信念を込めて口にするのである。

さらに最悪なことに、「類は友を呼ぶ」ということで、同じ波動の人たちが周りには集まってくる。そして、追い打ちをかけるように「あ〜大変だ。困った」と、ことある毎に暗示をかけるのである。これでは事態はさらに悪化するであろう。

そういったマイナスの状態からいつまでも抜け出せないのは、いつもマイナスな言葉を口に出しているからである。

つまり、言葉が現実を引き寄せているのである。

もし、あなたが元気いっぱいになろうと思うのなら、今日から「私は元気、とても元気」と声に出して言ってみることである。

もし、幸せになりたいのなら「ああ幸せだ」「幸せだなあ」と心を込めて言ってみることである。

なぜか不思議なことに幸せで元気になってくるのである。

言葉に引きずられて、私たちの中から無限のエネルギーがこんこんと湧いてくるのである。

調子のいい時や、幸せいっぱいの時に、その気持ちを口にすることは誰でもたやすい。むしろ逆の落ち込んでいる時にこそ、自分を元気にしてくれる言葉を口に出し、幸せ感を引き出してくれる言葉を唱えることである。

朝目覚めた時には、プラスの言葉で「今日も一日ツイている」と声に出して唱えよう。また、自分の願望が「今日は絶対叶うぞ」ということを唱えるのもいいだろう。

◆言葉の力を三段階に活用する

しかし、中には「そんな急には思い込めない」という人もいるだろう。

そんな方のために、とっておきの方法をお教えしよう。

「言葉の魔力」を三段階に分けて使う方法だ。

①希望形

②進行形

③断定形

①の希望形は「～できたらいいな」と、願望が叶うことを希望する言葉を使うことだ。もし、現状では自分自身がとうてい成功を望めない環境であるならば、急に「絶

対に叶うんだ」と口に出して唱えても、なかなか素直に感情はついてこないだろう。かえって「そんなの無理に決まってる」などと、マイナスな気持ちが芽生えてくることがあるかもしれない。

これではせっかくの「言葉の魔力」の成果も望めはしない。せっかく描いた「成功イメージ」の足を引っ張ることにもなってしまう。

そんな時はまず初めに、少しひかえめな「○○が叶うといいな」と、**希望的な言葉**から唱えてみよう。

これならばそんなに否定的な感情が芽生えることもないはずだ。

素直に心の奥底に入ってくるだろう。

「自分の会社を設立できたらいいな」

「マイホームを持てたらいいな」

「仕事の売上が伸びたらいいな」

そんな希望形の言葉で、まずは自分の感情が今以上にプラスになるようにすることである。

そして、希望形の言葉が心の底からすんなりと受けとめることができようになったら、次は②の進行形の言葉を使っていこう。

「今、○○が実現されようとしている」と、一歩成功が近づいた気持ちを持てるような言葉を使おう。

「自分の会社が設立されようとしている」

「マイホームが手に入ろうとしている」

「仕事の売上が伸びようとしている」

もう成功が目前であるかのような進行形の言葉を使って、心がもっともっと躍動するようにしよう。明日にでもそれが実現してしまうような、ワクワク、ドキドキといった感情が湧いてくるような言葉を使おう。

ここまでくると、不思議とだんだん成功に対する自信が湧いてくる。信念だって高まってくるのだ。きっと描く「成功イメージ」もはるかに鮮明に描くことができるに違いない。

そんな想いになれば、後は簡単だ。

③の断定形の言葉で決定づけてあげることだ。「成功した。そうなった」という断定の言葉で心の奥底に強烈な楔を突き刺すのだ。

「すでに自分の会社を設立できた」

「すでにマイホームは手に入れることができた」

「すでに仕事の売上は伸びた」

もうすでに成功を実現した「結果の先取り」を行うことだ。

そして、成功した姿をありありとイメージしていくことだ。「言葉の魔力」に後押しされたイメージの力は、さらに効果を発揮するはずである。

◆ツイてる！　ラッキー！　上げ潮じゃー！

私の講演会では、必ずこの「言葉の魔力」を用いている。

まず、講演中にみんなに起立してもらい、ギュッと握り拳をつくった両手を腰のあたりに置いてもらう。

そして、思いっきり両手を前に突き出して「ツイてる！」と大声で唱える。

そして今度は、突き出した両手を思いっきり引いて腰の位置まで戻して「ラッキー！」と大声で唱える。

そして最後に両手を真上に思いっきり突き出して「上げ潮じゃー！」と大声で唱えてもらうのである。

立て続けに3回ほど「ツイてる！　ラッキー！　上げ潮じゃー！」と両手の動きを付けながら大声で唱えると、ぐんぐん心の活力がみなぎってくるのがわかる。

受講生の方々からも「勇気が出る。信念が高まった」と好評である。

ぜひ試していただきたい。

私も毎朝起きた時と寝る前、そして何か不安がよぎった時などは、頻繁にこの言葉を唱えながら心の活力に刺激を与えているのである。

目の前にあらわれたチャンスはすべていかす

◆チャンスの神様は前髪しかない

チャンスはある時突然やってくる。

それは恋に落ちる瞬間とよく似ている。

成功するための大チャンスであるシンクロニシティは、あなたが予期せぬ所で、予期せぬ瞬間、予期せぬ事柄で目の前に起きる。

願望が明確になっていれば、研ぎすまされた神経でそのチャンス、すなわちシンクロニシティをいつでもグットタイミングで掴むことができるのだ。

そんな不意に起こるシンクロニシティを見逃すことなく、しっかりと受けとめることができれば、必ず大きな成功を手にすることができるのだ。

昔からよく言われるではないか、「チャンスの神様は前髪しかない」と。

不意に現れたチャンスの神様の前髪を、現れたその時にしっかりと掴むことができなければ、大切なチャンスは手に入れることはできない。

通り過ぎてから気がついて慌てて掴もうとしてもチャンスの神様の後ろ髪はつるつるだから、すべってなかなか掴むことができないのだ。

◆走りながら条件は整えていく

よく何かを始めようとする時に、条件が完全に整うのを待つ人がいる。

しかし何かをスタートするにおいて、すべての条件が整うことなんてほとんどあり得ない。

不完全な条件の中でまず走り出し、その中で徐々に条件を自ら整えていくのが願望実現のコツである。

「もう少し勉強してから」

「経験を積んでから」

「もっと暇になったら」

「定年になってから」

「子供に手がかからなくなってから」

　こういう条件をつけて一歩踏み出すことを延ばし延ばしにしていれば、目の前にある大きなチャンスを見逃すことになってしまう。

「先生、私もそのうち本を書きたいのですが……」

「それではいつ書きますか?」

「そのうちに、いずれ……」

　なんて、言っている人に限って書いた人はいない。

「新しい事業で成功したいのですが……」

「それでは、いつからスタートしますか?」

「そうですね。いい話が舞い込んだら……」

　そんなことでは、絶対に成功はできないだろう。

　またたとえば、漫然と頭の中で「英語を話せるようになりたい」と切望しているだけでは、とっさのチャンスも見逃してしまう。

もし、突然上司から海外勤務を命じられとしても、「すみません。もう少し英会話をマスターしてからにします」と、驚きと不安で一瞬考え込んでしまう。

そんなことでは「英語を話せるようになりたい」という願望は、永遠に叶えることはできないのだ。

とにかく、**目の前に訪れた現象をすべて自分の願望達成の材料としていかすこと**である。

そのためにも日頃から心を研ぎ澄ませておくことが大切だ。

とっさに現れたチャンスを、素早く掴むことが大切なのである。

グットタイミングでチャンスをものにする研ぎすまされた神経を磨くためにも、願望を明確にして紙に書き出すことである。いつも願望を紙に書き出していると願望に対するアンテナがどんどん研ぎすまされていく。

紙に自分の願望を明確に書き出して、それを常にながめ、意識していればチャンスがとっさに来ても必ずそのチャンスを掴むことができるのである。

またそのことによって、無駄な行動も起こさなくなる。余計なことに心が動かされなくなるのだ。

◆シンクロニシティという超特急列車に素早く乗り込む

シンクロニシティという名の、あなたを「成功」という輝かしい終着駅まで乗せていってくれる超特急列車があるとしよう。

成功を次々に重ねる人、幸運の波に乗っている人は、いつもグットタイミングでこの超特急列車に乗り込むことのできる人たちである。

彼らがホームについた途端、いつでもグットタイミングに超特急列車が到着する。彼らは迷うことなく、成功という名の楽しい旅に向かって明るく意欲的にこの超特急列車に乗り込んでいく。

しかも、乗り換えホームに到着すれば、**必ず次の超特急列車が彼らを待っている。**

だから、乗り換えに要する時間も他の人たちと比べて断然に早い。

スムーズで時間の無駄がまったくなく、成功という最終地点まで短時間で到着することができるのだ。

成功している人がよく言う「とんとん拍子にことが運んだおかげで」とは、まさにこのことである。

しかし、せっかくの大きなチャンスを逃してしまう人は、この超特急列車になかなか乗り合わすことができない。

しかも、たまたま運よく目の前に超特急列車が停まったとしても「乗ろうか、乗るまいか」と旅の不安を考え、いつだって迷っているのである。

そうやってあれこれ迷い、考えている間に超特急列車は定刻通りに発車してしまうのだ。ようやく重たい腰を上げ、決意をしても列車はすでに発車したあとである。

今度はいくら待ち続けても、次の超特急列車はなかなかやっては来ないのだ。こんな調子では成功という最終地点に到着するまで、かなりの時間がかかってしまうだろう。

人生は短い。やりたいことは徹底的にやることだ。そのためにも**やりたいこと、その実現のためにやるべきこと、やってはならないこと等を明確にしておくこと**だ。

シンクロニシティは、日常の中でそれこそ頻繁に起こっている。

しかし大半の人は気づいていないだけなのである。実際に目の前に起きても「これはほんの偶然に違いない」と、そんな簡単な言葉で片づけてしまうのだ。

どんな情報でもその分野に興味がないと、いくら目の前にあっても決して心に留まることはない。

たとえば、株に投資していれば日本情勢に関するニュースに過敏にもなるが、株などに興味がまったくなければ、そんなニュースが報道されていても右から左である。受験生を持つ家族は受験や学校の話に興味があっても、受験生がいない家庭ではまったく興味のない話である。また、人は体の具合が悪くなって初めていい病院探しに走り回る。

つまり、人は自分の問題意識の範疇にないことに対しては興味もなければ気づきもしないのである。

しかし、一旦そのことに興味を抱き心が集中していると、そのことに関する情報がすぐに目につき飛び込んでくるものだ。私たちの脳は実に巧妙にできている。

願望を紙に書き出し、心の中身をいつも明確にしていればとっさの判断も素早く対処できるようになる。

今まで見落としていたチャンスだって、見逃すことなく掴み取ることができるようにもなってくる。

そして、一度掴んだチャンスに自分の持てる時間とエネルギーをとことん一点に集め、注ぎ込むことだ。一点に集められたエネルギーは掴んだチャンスを何倍にも大きく変化させてくれるはずである。

やがてそれは大きな夢実現というプレゼントとなって、あなたの元へ届くのである。

4章

イメージ法でシンクロニシティを次々起こす！

The Way of Making Synchronicity which Grants Your Wishes

想像力を使って宇宙にプレゼンしよう

◆想像力は創造力

私たちは神様から「想像力」という、とても素晴らしいプレゼントを与えられている。

この想像力があるからこそ、私たちは無から有を生み出すことができるのである。

しかも嬉しいことに、この世の中の生きとし生けるものの中で唯一人間だけが、この想像力を与えられているのである。

確かに動物たちもいろんなものをつくることができる。

しかしそれは想像力を駆使してつくったものではない。それらはすべて本能的につくり出されたものに他ならない。

燕が巣をつくるのは、あれこれ頭の中で想像力を巡らせ、デザインしたものではない。またビーバーが川にダムをつくるのは、設計図を引いてつくったものではない。蜜蜂が巣をつくり、もぐらや蟻がトンネルを掘る。彼らは何千年もほとんど変わることのない形でつくっているのだ。

ところが人間は同じ家をつくるにしても、時と共に進化し、どんどん技術を発展させているのである。この**想像力は実にさまざまなものを生み出す**のである。

まさに想像力は「創造力」なのである。

私たちを成功へと導くには、この想像力なくしては実現できない。

それほど、想像力とは素晴らしい力を備えた魔法の力であるのだ。

◆想像力でマイナスを引き寄せていないだろうか？

ところが、この想像力は使い方によっては物事を破壊する力も持っている。

この想像力に心配、不安、恐怖などが加わるとその破壊力は加速度を増し、次々とそれらを実現していってしまう。

不況もまさにこの人々の不安、恐怖感が伴った想像力からきていると言える。

「あ〜また株が暴落している。いよいよ大不況が襲って来るぞ」

「世の中不景気だ。もっと世の中は悪い状況になるに違いない」

「周りを見渡しても悪い話ばかり、こんな状態がいつまで続くんだ」

「経営悪化の企業続出！　日本経済最大のピンチ！」

現実にはまだ起きていない不況が、マスコミなどによって悪いイメージが煽られることによりだんだん現実化されていく。マイナスなイメージばかりが一人歩きしてしまうのである。

また、大半の人は何か新しいことにチャレンジしようとする時、決まって最初にマイナスなことばかりを想像してしまう。

取り越し苦労と言うべきか、用心深いと言うべきか、未来に起こることに対してはプラスに楽天的にイメージすることがなかなかできないでいるのだ。

「もし、あそこで契約をキャンセルされたらどうしよう……」

「きっと、これでは成功するわけがない。やっぱり無理だ」

「こんなに調子良く話しが進むはずがない。悪いことがなければいいが」

繰り返しのマイナス感情が伴った想像力は、やがて固い信念となり、その通りに現実化する力を持つ。

実際に、不安や恐怖を伴った現実が目の前に起こってしまうのだ。

神様が私たちに授けてくださった想像力という魔法の力を、プラスのことにだけ使おう！　願望を実現するためにも決してマイナスなことに使わないことだ。

◆紙に書いた願望の高め方

3章でも「大成功する人は願望を紙に書いていた」ということをお伝えした。ここでは、この想像力という魔法の力をふんだんに使うことで、その効果をより高める方法をお伝えしよう。

願望を書き出した紙をただ机の引き出しの奥にしまっておいたのでは、願望実現パワーは弱い。なぜならあくまで紙に書き出すということは、キャンプファイヤーで言えば「薪」を集めたに過ぎないからだ。

次にこの「薪」に点火し、これをあかあかと燃やさなければ願望を実現することはできない。「薪」に点火し、あかあかと燃やしてくれる力、それが想像力である。

想像力を伴えば、はるかに願望実現パワーは強力になっていくのである。

宇宙にいかに叶えたい願望を伝えることができるかが、願望実現の大きな秘訣である。

そのためにも、想像力の力が必要になるのだ。

紙に書き出すだけでも、宇宙に願望を伝えることはできるだろう。しかし、より強烈に伝えるのなら想像力をふんだに使うことが必要になってくる。

紙に書き出すということは、宇宙にあなたの願望を綴った熱いラブレターを送るのと同じである。

それに想像力という強い味方が伴えば、あなたが叶えたい願望がカラーパンフレットとなって一緒に宇宙に届けられることになるのだ。

それは、写真付きで色鮮やかで、しかもあなたのプラスの感情がいっぱいに詰まった最高のパンフレットである。

手紙だけでお願いするよりも、カラーパンフレット付きでプレゼンする方が、圧倒的に確実にしかも早く宇宙に伝えることができる。

宇宙により早く、しかも確実に願望を叶えてもらうためにも、想像力をふんだんに使うことだ。想像力は神様から与えられた究極のプレゼントであり、私たちにかけがえのない財産を生み出す魔法の力なのである。

あなたを変える魔法のイメージ力

◆イメージ力をつかう時間をあえてつくろう

忙しいという漢字は「心を亡くす」と書く。

あまり忙しくし過ぎて生活に追われてしまうことは、あなたの人生を台無しにしてしまう恐れがある。

時にはじっくりと時間を止めて、**ビジョンという想像の世界に生きることが大切**だ。

そのために、「イメージ力」という素晴らしい力が与えられているのだから。

「イメージする」といっても、ただ単に暇つぶしの空想や目先に起こることを想像するだけではない。

それだけのために、神様は私たち人間にイメージ力という素晴らしい力を授けたのではない。

イメージ力にはもっともっと素晴らしい力が隠されているのである。イメージ力は私たちに次のような影響を与える。

・セルフイメージの向上
・新しいアイディアやひらめき
・能力向上
・将来の自分形成

◆できる自分になれるイメージトレーニング

成功するためには、自分自身に対するイメージを高め、さらなる自信をつけてあげることが前提である。つまり、「セルフイメージの向上」である。

しかし、いくら頭で「大丈夫だ。必ずできる」と、自分自身を励ましても、そう簡単には変えることはできない。

まずは、**イメージの世界でリハーサルする**ことによって、無用の緊張を取り除くことが必要だ。

私たちにとって適度の緊張は必要なものである。何かを実現する時の集中力となってくれるからである。あまりリラックスし過ぎて力が入らないのではどうしようもない。しかし過度の緊張は邪魔になる。その典型的な例が〝あがり〟である。

「あがるな、あがるな」といくら自分に言い聞かせても、やっぱり人前にでると真っ赤になってガタガタ震えてしまう。ただ単に頭で強制的に想うだけでは、かえって悪い状況に追い込むことにもなる。「あがってはいけない」と、意識すればするほど、ますます人前であがってしまうのである。

しかし、眼を閉じて大きく深呼吸し、「私は人前で盛大な拍手の渦に包まれている」と、ありありと成功している姿を、イメージ力をフルに使って想像するだけで、そのイメージが潜在意識の奥底に次々とインプットされていくのである。

何度もイメージするだけで、フツフツと自信が湧いてきて、そのイメージ通りの結果を引き寄せる確信まで湧いてくる。その結果、本番であがることなく人前に出られるようになるのだ。

スポーツの世界でも、名プレイヤーと言われる人たちは必ずと言っていいほど、試合前にこの「イメージトレーニング」を活用している。

いくら練習でいいプレーをしても、本番でその実力を１００％発揮できなければ意味がない。ここ一番という時に過剰に緊張してしまって実力が出せなくては、せっかくのチャンスもだめにしてしまうのだ。

結果だけが評価される厳しいスポーツの世界だからこそ、このイメージ力を使ったトレーニングが大いに活用されているのである。

本番で相手に勝利する自分の姿、ゴールテープを一番に切る自分の姿、日本新記録でゴールする自分の姿、表彰されている自分の姿……。

そんな成功した自分の姿をイメージ力を使って想像し、セルフイメージを高めるだけで結果は大いに違ってくるのである。

◆問題を解決するアイディアがわく

また、何か問題を解決したい時にもこのイメージ力は大いに役立つ。

「なんとかしたい」と思う事柄に対して集中してイメージを描き、その想いをめぐらせていると、思いもよらぬヒントや問題を解決する方法が頭にフッと浮かんでくる。

「こうしたらどうかな。いや、こういう方法もあるな」

そんな想いで、いろいろと解決策をイメージしていると必ず名案が浮かんでくるのだ。

現に数々のヒット商品やヒット曲と言われるものは、誰かの熱い想いによるイメージの世界から生まれたものだ。

「こういった便利なものをつくるにはどうすれば……」

「こんな感じの曲ができないだろうか」

そんな想いからいろいろと想像を膨らませ完成したものが、現実に私たちに感動を与えてくれる数々のヒット作品となっているのだ。

私が幼少の頃は、それこそ今では一家に一台はあるであろうビデオやパソコンなど誕生していなかった。その頃には将来、そんな便利な物や楽しい物ができるなどとは想像もしていなかったのである。

それから40数年経った今、携帯電話やファックス、携帯パソコン……あらゆる通信機能の開発がこれほどまでに進むなどとは思ってもみなかったのである。それこそ昔では考えられないような便利な物を挙げたらきりがない。

しかし、実際に現在では当然のように多くの人たちに利用されているのである。過去に誰かが「こんな便利な物をつくりたい」という熱い想いからイメージした、その結果によってすべて完成されたのである。

きっとこれから先も今の便利な商品を基にして、誰かが新たなイメージを湧かせることで、多くの画期的な商品が誕生するはずだろう。そんな新しいアイディアやひらめきも集中したイメージ力の中から生まれているのである。

◆あなたの能力が向上するイメージ力

また、イメージ力は能力向上にも大きな影響を及ぼす。

記憶力も、イメージの力を使うと膨大な量を記憶することができる。

ただ、メモ書きされたものを単語で記憶する方法と、イメージ力を使いながら記憶する方法とでは大きな差がでる。

たとえば、鉛筆、消しゴム、はさみ、ホッチキス、セロテープ、定規……等々、30種類ほどの並べられた単語をただ単に記憶するだけでは、完全に記憶することは難しい。

しかし、イメージの力を使って、鼻は緑色のするどく尖った鉛筆、目は白くて四角い新品でいい香りのする消しゴム、耳の辺りにはさみがグサッと刺さっていて、唇にはホッチキスがぶら下がって血がでている……。

そのように一つずつイメージ力を使って想像を膨らませながら記憶していくと、簡単に記憶することができる。

しかも、時間が経ってからでも再び思い出すことだってできるのである。つまり、イメージ力と感情が伴えば、より強烈に潜在意識に刻印されるということである。

また有名な話では、コーチがバーベル選手の記録更新を願ってこのイメージ力を使った話がある。いつもの練習でコーチが選手にバーベルを持ち上げさせようとした。

「それではお前の最高記録でもある60kgから上げていこう」

選手は過去にも60kgのバーベルを持ち上げた経験がある。だから不安はなかった。少々重く感じられたが力を振り絞って持ち上げたのである。

するとコーチが笑いながら答えた。

「おい、やればできるじゃないか。実はこれは70kgのバーベルだぞ」

驚いた選手はバーベルの重さを確認すると、本当に70kgであった。

コーチの言葉を信じて60kgのバーベルだと想像し持ち上げた結果、自己新記録を出すことができたのだ。

◆あなたの将来を決めるイメージ力

何よりもイメージ力によって大きな影響を及ぼすのは、私たちの将来である。

感情の伴ったイメージは私たちの潜在意識に強烈にインプットされ、やがて同じ様な運命を引き寄せるのである。

プラスに考え、プラスにイメージすれば、明るく楽しい未来が待っている。反対にマイナスに考え、マイナスにイメージすれば、悲しくおもしろくない未来が待っているのだ。

「誰だって頭に来る時は怒るし、失敗すれば落ち込むはずだ」

しかし、成功できる人たちは違う。

たとえ目の前に苦しい出来事が起きても、決してマイナスには考えない。どんなことでもプラスにイメージしていく。それほど人によって物事に対するイメージの持ち方はまったく違うのである。

たとえば、ちょっとイメージの力を使って想像してほしい。

「丸くて、白くて、子供達が好きな物」

さて、あなたは何をイメージしただろう。

ちなみに私がイメージしたのは、「雪だるま」である。

もちろん、人によってはアイスクリーム、野球ボール、マシュマロ、綿菓子、風船……いろんな回答が出てくるはずだ。

このように人によって物事に対するとらえ方、イメージの仕方が違うということである。

もうすでに**成功している人たちや、将来成功できる人たちは皆、物事をプラスに考え、プラスにイメージできる人たち**である。

幼い頃から周囲の励ましや賞賛を受けて育ち、自然とそんな考え方が身につけた人もいれば、成功するために成功者の真似をして意識的に身につけてきた人もいる。

もし、あなたが失敗や困難に直面した時にマイナスに考えてしまうようであれば、後者の人たちのように意識的にプラスに考え、イメージ力をプラスにのみ使うようにすればいい。

毎日毎日習慣づけていけば、やがてそれが癖となってどんな時にもプラスにイメージすることが必ずできるようになるのだ。

シンクロニシティが起こるイメージ力の使い方

◆イメージの４つの描き方

神様から与えられ、人間が人間として存在することができる唯一無比のプレゼントである想像力をフルに使いこなすことができれば、大成功の予告シグナルが次々とあなたの目の前に起こり始める。

そう、素晴らしい出来事や感動的なニュースであるシンクロニシティが、目の前に起こり始めるのである。

そのためには、心のスクリーンにあなたの願望をありありと描こう。

効果的な成功イメージの描き方のポイントは次の４つだ。

①心身をリラックスさせる
②スクリーンをつくる
③五感をフルに活用する
④感情移入しながら描く

◆潜在意識につながりやすい寝る前のゴールデンタイム

潜在意識という心の奥底の扉を開け、宇宙にその願望を届けるには、リラックスしていることが必要である。

人がもっともリラックスすることができる時は、**夜眠る前のうとうとした時間**である。布団に入る時は誰でも、心と体をくつろがせ、神経の緊張を解いてから眠りに入る。眠りに入るその瞬間は、私たちの潜在意識がぽっかりと顔を出す瞬間でもある。

その瞬間こそが、あなたの想い描く夢や願望を潜在意識へバトンタッチするベストチャンスであるのだ。

私たちの夢や願望を潜在意識へうまく渡すことができた時、後は潜在意識がその実現に向かって最高の方法を授けてくれるのだ。**潜在意識の底では、さらに宇宙意識とつながっている。**

人類のすべての叡智の宝庫である宇宙意識から、シンクロニシティという形になって、私たちに最高最上の方法で願望を叶えてくれるのである。

最近の遺伝子科学によると、私たちの中には、過去の祖先達の遺伝子情報がすべて詰まっているという。

ちなみに、過去の先輩たちのさまざまの体験から通じて得られた知恵を、その遺伝子から引っ張り出す方法が瞑想と言われているが、この瞑想こそ、その字の通り、リラックスしながらのイメージ法なのだ（瞑想の「瞑」とは何にも考えないでリラックスしていること、「想」はありありと描くという意味）。

どんなに昼間嫌なことがあっても、どんなに悔しい出来事があっても、この「人生最高のゴールデンアワー」という大切な瞬間には決して思い出さないことである。

心配事、不安なこと、気がかりなことがあってもその瞬間だけは、しばらく追い払うことだ。

◆心のスクリーンに描こう

寝る前に心身共にリラックスして最高の成功イメージを描く準備ができたら、次は目を閉じて、瞼の裏に大きなスクリーンを描いてみよう。

そして、自分の望むこと、望ましいこと、こうありたいこと、手にしたいもの、何でもいいから、そのスクリーン上に描いていこう。

成功イメージを描く時に大切なことは、そのことがもう現実になったかのようにありありと五感をフルに使って描くことが大切である。

たとえば、将来、庭付きの大きな一戸建てを建てたいという強い願いがあるのならば、ただ漠然とイメージするのでなく、あなたの希望する一戸建てを細部に渡ってはっきりとイメージすることである。

壁の色は何色がいいだろうか？　ドアの色は何色にしようか？　キッチンは対面式カウンターがいいだろうか？　庭は今流行のガーデニング風にしようか？　カーペットの柄はイタリア調にしようか？　玄関には大きな抽象画を飾ろうか……？

目に入ってくるすべてのものを、具体的に細かな部分までありありと描くことである。色はどんな色なのか、形はどんな形をしているのか、よりリアルに、一つひとつを明確にイメージしていくことがポイントだ。

◆五感をフル活用する

色や形、柄等をイメージすることができたのなら、今度はそれらに触れた時の体の**感触を感じとること**だ。

成功イメージを描く時に大切なことは、決して紙芝居のような静止画ではなく、今すでに目の前に起きているかのように、よりリアルに描くことである。

さあ、周りのものに手を触れ、その感触を感じよう。ドアはひんやりと冷たく重厚なものだろうか？　カーペットはフワフワして柔らかい肌触りであろうか？

あなたが、部屋の中に実際に入っている情景をありありと描いたならば、さらに臭覚や聴覚も敏感にしながら描いていこう！

庭につづく居間のサッシのドアを開けると、そこからスッー吹き込んでくる風の臭いが春を感じさせてくれる。

庭でさえずる、小鳥たちの楽しい鳴き声が心地良く耳に聞こえてくる。

◆感情移入でワクワクしよう

さあ、あなたの五感をフルに使ってどんどんイメージしていこう。イメージの世界に心身共に入り込んでいくことが大切である。

「あ～風がとても気持ちいいなあ」

「小鳥たちのさえずりってなんて心地良いのだろう」

「なんだかとても体が軽くてすがすがしいなあ」

イメージの世界にどっぷりとつかって、その世界に感情移入しよう。

そして、イメージの世界に入り、その時に実際に成功を手に入れた瞬間のワクワク、ウキウキした気持ちがこみ上げてくるようならしめたものだ。

イメージをうまく描き、成功を体中で感じとれたなら、最後にゆっくりと深呼吸をして「私は必ず成功する」と一言唱えるとさらに効果的である。

もし、成功したイメージを頭の中ですぐに描けないのであれば、写真やポスターなどより良いイメージ材料になる道具を使うのもいい方法だ。

自分の成功イメージに合った写真やポスターなどを目につく所に貼り、いつも眺めることから始めるといいだろう。

自分が将来、手に入れたいと思っている庭付きマイホームの写真や一度は乗ってみたいと憧れているピカピカの高級外車のポスター、独立後に成功したら建てたい将来の自社ビルをイメージした写真……。あなたの成功した姿をイメージさせてくれる道具は、どんどん利用するといい。

この成功イメージを毎日毎日繰り返し描いていくうちに、最初はぼんやりとしか描けなかった箇所も、やがてありありと描けるようになってくる。

完全に最後まではっきりと描けてくるようになれば、成功はもう目の前だと思っていいだろう。

やがて願望を叶えるためのシンクロニシティが、目の前に起こり始めるのである。

素晴らしい未来の脚本をつくろう

◆強烈な印象を与える成功ストーリーを描く

映画やドラマなど、名作と言われる作品は、時が経っても永遠に心の奥底にその時の感動は記憶されるものだ。

印象深かったシーン、感動を与えてくれた名シーンは、眼を閉じればいつでも思い出すことができるものである。それほど強烈な感情は、心の奥底、潜在意識に強烈に刻み込まれていく。

これを利用して、あなたの願望が叶えるための「未来の成功イメージ」を脚本しよう。

あなたの感情を刺激し、プラス感情を引き起こす感動的な成功ストーリーを描くのだ。コツは、強烈な印象を与えるプラスに満ちた成功イメージを描くことだ。

未来の成功イメージは、あなたの夢や願望を叶える大切な台本でもある。なぜなら、その成功イメージがどれほど素晴らしいストーリーであるかどうかで、描く側のあなたの感情も大きく変化するからである。

その台本がもし、あまりあなたをワクワクドキドキと刺激するストーリー性のものでなければ、そのストーリーに感情移入することもなければ、また、のめり込むこともできないだろう。

プラスの感情が伴ったイメージは、潜在意識に刻印するための強力なインプット効果がある。

つまり、イメージ力とプラス感情が一緒になれば、潜在意識に伝達することができ、その結果シンクロニシティをも頻繁に引き起こすことができるようになるのである。

心の奥底に残る名作同様、あなたの願望達成という名作映画も心に強烈に響くほど感動的に描こう。

脚本は、ドラマティックにかつ大胆に仕上げるということだ。

少々大袈裟に脚本をつくるのもいいだろう。

何といってもあなたがつくり出す脚本は、あなたの想像の世界でのみ繰り広げられるものである。

他人の目など気にせず、思い切り大胆にドラマティックに描こう。

肝心なのは、いかにプラス感情で満たされるようなストーリーに仕立て上げるかということにあるのだから。

あなたは「願望達成」という名作映画の脚本家であり、監督であり、主役でもある。

名監督、名脚本家、名優となって願望達成のストーリーを最後まで描き上げてみよう。

実際こういった作業をする時は至福の時でもある。

イメージする度にこの上ない喜びで体中が包み込まれていき、自然とワクワクしていく。こんなにも自分の中に、心をかき立ててくれるエネルギッシュな一面があるのかとさえ思ってしまうはずだ。

ここから、やる気の源泉はなんといっても夢を描くことにあるということがわかるだろう。決して人から命令されたり、指示されたりしてやる気が起きてくるものではない。

将来の成功の姿をありありと一つひとつの場面を真剣に心を込めて描くことが、最高のモチベーションになるのである。

セルフイメージを高めるいい刺激材料となるのだ。

あなたも素晴らしい名画をつくり出す監督の一途な気持ちになって、まず想像の中であなたの素晴らしい名作をつくり出していこう。

◆監督はあなた。マイナスなセリフはカットしよう

脚本をつくっていく上でのポイントは配役やストーリーの流れは、すべて自分を心地よくさせてくれる展開に運ぶことである。

たとえば、配役にあなたの上司を登場させたとする。その上司があなたに向けて話す言葉はすべてプラスの言葉のみにすることだ。

あなたを褒め称え、心地よくさせてくれる言葉のみをイメージの世界では使用することが大切である。

マイナスな言葉などは一切口にさせず、あなたに自信と勇気を与える言葉のみを使

用することである。

ストーリーの流れも、あなたの思う通りに話をすすめていけば良い。

「こんな風にいくはずがない」

「現実的に無理に決まってる」

「こんな話の展開などありえない」

たとえ、そんな現実面を気にした**マイナスな想いが浮かんでもすべてカットし、思う存分好きなように描くこと**である。

描くストーリーが現実離れした流れになっても、あなたの心を熱く躍動させる名ストーリーであるならば大いに描くことである。

ストーリーを描く時は、大人という枠から抜けだし、理性や現実に縛られない子供のような無邪気さで自由に描くことである。大切なのは童心に戻って自由奔放に描くことだ。

大半の人たちが子供の頃には、何の束縛もなく、現実離れした空想をいつも描いていたはずである。

「あの空に浮かぶ綿菓子みたいな雲を食べてみたいな」

「大きな鳥につかまって大空を飛んでみたいな」

しかし、そんな現実離れした空想も大人になれば、誰も描くことなどなくなってしまう。あまりにも現実的で理性的な考えは、成功イメージを描く上で大きな邪魔となってしまう。

現実のことなどしばし忘れて、ダイナミックにストーリーを描いていこう！

あなたが今から描く「成功イメージ」は、あくまであなたの未来の姿である。たとえ、現実ではそのことが不可能であろうとも、現在のあなたではそのことを成功させる才能や能力がなくても、そんなことは一切関係ない。

あくまでも**未来のあなたの姿**だということを忘れないでいただきたい。

そして、**今のあなたがイメージした姿が、未来のあなた**である。

現状であなたの才能や能力を阻む出来事などは一切忘れて、将来理想とする自分の姿のみをイキイキと描くことである。そうすれば将来、必ずイメージした通りの自分に出会えるのだ。

さあ、今日からはあなたの心が喜び、躍動し始める「成功イメージ」を描いていこう！

願望達成という名作映画を撮ろう

◆感動の短編ドラマを繰り返し描く

想像力、すなわちイメージの力は偉大である。私たちにかけがえのない財産をもたらしてくれる魔法の力である。この素晴らしい力である想像力を成功という輝かしい未来のためだけに大いに活用することだ。

私もこの想像力を活用して、様々なシンクロニシティを引き寄せることができた。

あの苦しくどん底だった病より立ち直ることができたのも、自分の夢だった本を出版し独立することを実現できたのも、大勢の前で講演できるのもこの想像力をうまく活用したからと言える。

私の処女作である『信念の奇跡』(こう書房)は、サラリーマン時代に通勤電車の中で書き上げたものだ。

片道1時間半、往復3時間の行き帰りの通勤時間を利用して、私が病を通して経験し実感した「心の偉大さ」を、何としてでも多くの人たちに伝えたいという一心で書き綴ったものである。

今でもあの当時を思い返すと、書くことがたまらなく楽しく、その想いを綴るだけで熱い感情がこみ上げてきたことが思い出される。通勤電車に乗る度に原稿用紙を片手で抱きかかえながら無心にペンを走らせていたことをよく覚えている。一刻も早く原稿を書きたい想いで、退社するやいなや駆け足で電車に乗り込んだこともあった。

私にとっては電車の中でのあの執筆活動の一時が当時の中では一番充実していた時間であったかもしれない。あまりに書くことに熱中し過ぎて電車を乗り過ごしてしまったことさえあったのだから。

日中はそんな熱き想いで書き綴りながらも、夜寝る前にはその原稿がみごと出版され、多くの人たちに読まれることを楽しく想像しながら眠った。

毎日寝る前に私の願望が叶っている姿でもある「未来の成功イメージ」をありあり

と想像したのだった。もうそれが成功しているかのように「未来の成功イメージ」をワクワクしながら描いたのだった。

私が寝る前に必ず想像した「未来の成功イメージ」は次のようなものであった。


私の想いの結晶である厚さ5センチ程の原稿用紙の束を両手に抱き抱え、完成された喜びに浸りつつ大切に封書の中に入れ、そして先日アポイントをとった出版社に向うため家を出る。玄関先では、妻が笑顔で見送ってくれている。

「あなた、いってらっしゃい。絶対に出版社の人に喜んでもらえるわよ」

そんな妻の励ましの言葉に支えながら、家をあとにするのだった。

都心に立ち並ぶビルの一つである出版社に到着すると入り口の前で大きく一呼吸入れながら自分自身に気合いを入れる。

「よし、この想いを込めた原稿を何としてでも出版してもらうぞ」

そんな強い決意と、ここまでこぎ着けたという達成感に満たされながら出版社の玄関ドアを勢いよく開ける。部屋の奥に通されると、嬉しいことに編集担当の人が椅子から立ち上がって、笑顔で迎えてくれている。

「先日お電話いただいた見山さんですね。お待ちしてましたよ」

そして、私はその編集担当の人にどんな想いでこの原稿を書き上げたのか、どれほど出版したいという熱い想いがあるかを伝え、持参した原稿を手渡す。

編集担当者が笑顔でその原稿を受け取りながら、

「とりあえず読ませて頂いてから後日、結果をお知らせします」

と、私の手をしっかりと握りしめながら笑顔でそう答えてくれるのである。

編集担当者のその好意的な態度にすっかり好感触を得た私は、深々と頭を下げてから足どりも軽くその編集部を後にするのである。

そして、それから1週間後に編集部より結果連絡の電話が鳴る。

「見山さん。この度はわざわざご足労頂いて有り難うございました。原稿読ませて頂きました。とても素晴らしい作品ですね。つきましては明日当社までおいで頂けませんでしょうか。編集長を交えて具体的な打ち合わせをさせて頂きたいのですが……」

私はそのグッドニュースを聞き、思わず妻が居る台所まで飛んで行き、息咳切って叫んだのである。

「やったよ！　出版が決まったよ！」

そして、私の原稿採用を祝ってその晩は家族と共に盛大に祝杯をあげるのである。

「あなた、おめでとう！　本当にご苦労様」

「お父さん、おめでとう！　すごいよ一回で採用だなんて」

妻が微笑みながら私のグラスに冷たいビールを注いでくれ、それを一気に飲み干す。

家族みんなが私の成功を祝って様々な祝福の言葉で心から喜んでくれる。

私にとって記念すべき最高の一夜である。

1カ月後、とうとう本が出版されることになり、自分の名前が印刷された真新しい本を手に取り眺めていると、何とも言えない感情がこみ上げてくるのである。

「信じられない。本当に私の本が出版されたんだ……」

そして数日後、八重洲ブックセンターに立ち寄ると最新刊コーナーにはなんと『信念の奇跡』が山積みされているのである……。


このような「未来の成功イメージ」を一本の短編ドラマにして毎晩描きながら眠りについたのだった。

目を閉じて、書き上げた原稿がみごと一回で採用され、家族の大きな祝福に包まれ、そして夢に描いていた書店での山積みされた数々の本……そんな将来叶えたい成功ストーリーをありありと描いたのだった。

私が描いたイメージに**登場する人物が、私を大いに激励し、盛大に祝福し、そして好意的に接するように描いた。**

描く度に、心がどんどんプラス感情になるように描いたのである。

手に持った原稿用紙の重さ、握手を求めてきた編集部の人の手の触感、家族が祝ってくれた時に飲んだ冷えたビールののどごし……。あたかもそのことが現実で、今もう目の前に起こった気になって五感をフルに活用してとことん描いたのである。

そんな自分がすでに成功した、輝かしい姿を描いていると、何とも言えぬ充実感で体が暖かくさえなってくるから不思議である。

描く度にプラス感情にどっぷり浸ってくるのである。

自然に顔だってニンマリと微笑んでもくる。

しかも、そんなワクワクドキドキさせてくれる楽しい「未来の成功イメージ」を毎日描いていると、「絶対に実現できるんだ」という、大きな自信さえも湧いてくるのである。

◆短編ドラマが現実に！

そして、ついに私は実際にその描いた「未来の成功イメージ」通りの現実を、シンクロニシティを手にすることができたのである。

数カ月後に目の前に起きた現実は、驚くことに私が毎日描いた「未来の成功イメージ」とまったく同じ内容だったのだ。

イメージした通りに1回で原稿が採用され、そして出版された新刊が八重洲ブックセンターに山積みされたのである。

プラス感情が伴った想像力は、現実化させる素晴らしい力を持っている。

私たちが強く、強烈にイメージした事は実際に現実化されるのである。

あなたがプラス感情に浸れる、明るく楽しくなれるような「未来の成功イメージ」を描こう！

不思議と毎日描くうちに、新しいプラスのストーリーやひらめきが湧いてくる。

「あっ、ここからこんな展開になると良さそうだな」

「ここで、こんな予期せぬ大物に偶然会うというストーリーもいいかも」

そんな時は最初に描いた脚本にこだわらず、話の流れをひらめきにまかせて、もっとおもしろい展開に変えてみるのもいいだろう。

大切なのは、あなたの叶えたい願望が実現された「未来の成功イメージ」を、いかにプラスの感情を持ってありありと描けるかにあるのだから。

成功する瞬間

◆願望実現はすぐそこにある

寝ても醒めても願っていると、思わぬところからシンクロニシティが起きてくる。そんな瞬間が、心に鮮明に描き続けたことが実現する時である。

特に**イメージが色濃く鮮明に描けるようになれば、その瞬間が近い**と言っていい。

また**朝目覚めた時、願望達成を体中で実感できる時**もそうである。何となく心が弾みワクワクしてくる。

また、想い描いたことが何度も夢にでてくるようになると、その願望の実現もそう遠くはない。まさに正夢という現象が起きるのである。

そして、自分自身が気づかなくても周囲から「最近変わったね」「なんだか明るく積極的になった」などという、思いもよらぬ嬉しい声を頻繁に言われ始めるのである。

そんな時はもっとも直感力が働きやすくなっていると言える。

インスピレーション、直感力、ひらめき、独創的なアイディア、これらは合理では割り切れないものである。ツキや運というのもまさにそうである。

こう言ったものを非合理なもの、非科学的なものとしてばっさり切り捨てることができない。

むしろそういった人知を越えたものの中に、問題や障害を解決できる叡智が潜んでいるような気がする。まさに人生は不可思議なものである。

この不可思議な世界を知らないと何だかもったいないような気がする。

その世界は奥深く、無尽蔵の宝庫でいっぱいだ。

私たちの目に見える世界は有限だ。しかし、このシンクロニシティをたびたび起こしてくれる潜在意識の世界は無限である。

汲めども汲めどもつきないものがある。そこには私たちの想像以上の宝が潜んでいるのだ。

もし、あなたが叶えたい願望を切に望み、その願望実現に恋い焦がれるほど、毎日想像するのなら、必ず心の水槽でもある潜在意識に埋もれた数々の財宝を取り出すことができるのである。

あなたの想い次第で、その財宝はシンクロニシティという現象で、きっとあなたの目の前に突然訪れるはずである。

◆シンクロニシティは成功を完成させるパズルのピース

幾度となく信じられない偶然に出くわし、その感激に浸っていると、やがてあなたが切に望んだ願望実現というゴールまで到達することができるのである。

心のスクリーンに成功を描き、それを今か今かとワクワク心待ちにしていれば、必ず、成功のきっかけとなるシンクロニシティと言われる出来事に遭遇するのである。

シンクロニシティがもたらす、インスピレーションやアイディアによって行動し、シンクロニシティが巡り合わせてくれた人たちとのご縁を大切にしていると、やがてすべてが願望実現へと運んでくれるのだ。

多くの成功者たちが口にする。

「フッと頭に浮かんだアイディアを商品化したらこんなヒットに……」

「フッとしたきっかけで知り合った人と始めた事業が大成功に……」

それはまるで成功というパズルのように、目の前に起きたシンクロニシティを一つひとつ組み合わせていくだけで、やがては「大成功」という特大パズルを完成するように、現実に大きな成功を築き上げることができるのである。

目の前に起きる現象はすべてあなたに必要なものである。

無駄なものは何もない。

すべて、あなたが望んだ願望へと導くために必要な出来事であるから起きているのである。

何度も何度もあなたが描いた成功ストーリーをイメージし、その実現を心の底から念じていると、だんだん確信が湧いてくるようになってくる。

つまり現実としてのリアリティーが湧いてくるようになってくるのだ。

夢かうつつかわからないという状態になってくる。

毎日毎日、願望が実現された成功イメージを繰り返し描いていると、もう明日にでも実現しそうな気持ちになる予感が芽生えてくる。そうすればしめたものである。

あなたの願望がみごと潜在意識にうまくバトンタッチされた証拠でもあると言える。

そうなれば、願望は遅かれ早かれ実現するだろう。

願望をイメージしながら、シンクロニシティを待ちわびよう！

きっとイメージ通りの現実があなたの目の前に現れるはずである。その時期を決めるのはあなたである。

誰にでも必ずシンクロニシティは起きる。

きっと起こせるのである。

人生はたった一度きりだ。

ならば、思い通りの人生を楽しむことだ。

イメージの力を使ってワクワク、ドキドキと、日々心を躍動させていれば、必ずシンクロニシティを次々と起こすことができるのである。

あなたの中にある隠された能力を信じて、シンクロニシティを起こそう！

そして、大きな成功を手に入れようではないか。

◆夢を叶える天才はみんな〝ほら吹き〟

世界のウォルト・ディズニーのエピソードでこんな話がある。

世界一のテーマパークであるあのディズニーランドが完成されたのは、ウォルト・ディズニーがなくなって半年も経過したころであった。

この夢のようなディズニーワールドを前にして、彼の２人の友人がしみじみと語ったと言う。

一人がこう言った。

「残念だなあ。この素晴らしいディズニーワールドを本人に一度見せたかった」

するともう一人の友人は、

「残念がることはないよ。彼にとっては実際に完成される以前に、心の中ではもうとっくに完璧に完成させていたと思うよ。彼がよく言っていたが、彼にとっては現実であろうと心の中の絵であろうとあんまり関係ないんだ。だからそんな心配はご無用ということかな」

そう、世界の天才ウォルト・ディズニーにとって、生涯かけて多くの人に夢と希望を与え続けた彼の世界、つまり本当の意味でのディズニーワールドこそ、彼の内面の現れであったのである。

天才と凡人の違い、それはビジョンを描く描き方の違いでもある。凡人と言われるほとんどの人は、あまりに正直に生き過ぎている。何に対して正直かというと、現実に対してである。

ままならない現実、厳しい現実、夢も希望もない現実にあまりに翻弄され、現実のままに生きてしまっている。

それに対して、天才と言われる人、成功者と言われる人、夢を次々と叶えている人は、ビジョンに正直に生きている人だ。今の現実にはまったく翻弄されない。

凡人はそういった人たちを指してほら吹きと言う。

しかし、ほら吹きと言われようが、彼らは心の中にはっきりと描く世界を言葉にし、形にしてきたのである。

そういった意味では、**ウォルト・ディズニーは、ほらもほら、大ほら吹きだ。**

そして、本田宗一郎もそうだ。16人の町工場であった時から、本田宗一郎は**「世界**

のホンダ、世界のホンダ」とほらを吹いていた。そして、そのほらが現実化したのである。

だから、ほら吹き大いに結構。

あなたも今日からほら吹きの仲間に入ろう。

自分の心の絵に従って素直に生きようではないか。

幸いすべての人に心の絵を描く力を与えられている。だからすべての人が天才になれるのだ。成功できるのだ。夢を現実化できるのだ。

そして心の絵をありあり描くことを繰り返し繰り返し練習し、習熟すればあなたを人生の高みに導いてくれるシンクロニシティが頻発する。そしてままならない現状を一気に打破してくれるのだ。

この奇跡を信じよう。信じるものは救われる……。

おわりに　想いのパワーで引き寄せよう

私たちの心のエネルギーは、計り知れないパワーを持っている。

街を歩いてみると目に触れるほとんどのものが、誰かの想いが実現したものである。ショーウインドーに並ぶ素敵な服やバック、靴、数々の商品……それらは本来なかったものである。でも誰かの「こんな服をつくりたい！」という想いの力が結晶化され、具現化し形となっただけである。

想いの力、それは目で見ることもできなければ、触ることもできない。

しかし、それで存在しないということではない。ちょうど、電波や磁波が見えなくてもちゃんと存在するように。ラジオやテレビを受信できるのは、目に見えないけれどそこに電波が存在するからだ。

近い将来、この人の想いの力を科学的に証明でき、そしてそれを効率的に活用できる日も必ず来るだろう。

いずれにしても、想いの力は厳然として存在する。

つまり、想えば叶うのだ。良きにつけ悪しきにつけ叶うのだ。

だったら、いい想いを持ってそれを強化することが、どれだけ人生にとって益となるか容易に想像がつくだろう。

想いの力は、似たもの同士を引き寄せる。

まさに類は友を呼ぶ。最近はやりの言葉で言えば「引き寄せの法則」が働くのである。

豊穣に満ちたいい想いは、豊穣に満ちた、豊かでいい想いを引き寄せ、ますますパワーアップする。これを共振現象とも呼ぶ。まさにシンクロニシティだ。

決して欠乏や貧困、あるいは不足などの思いにダイヤルを合わせないことである。

そう、人生を切り開くのは、ダイヤルを合わせるだけでいいのだ。

つまり豊かで美しく、そして明るく希望に満ちあふれ、楽しみと喜びでいっぱいの想いに、ダイヤルを合わせるだけでいいのだ。

そこには努力も根性も忍耐もいらない。

さあ、あなたの人生はあなたの思い一つだ。
大いに豊かさのシンクロニシティを起こして、最高の人生を切り開こう！！

平成20年2月8日

見山敏

本書は一九九八年十月に発刊の『成功する瞬間』（ソフィアマインド発行／星雲社 発売）を修正・改題したものです。

著者紹介
見山敏　Satoshi　Miyama

株式会社ソフィアマインド代表取締役。

愛媛大学工学部卒。オムロン㈱に15年在職。沖ヨガとの出会いにより、ヨガ成功哲学を学び、難病を克服する。その後、自らの経験を活かした独特の成功哲学をもとに経営コンサルタントとして、数多くの企業の事業拡大に多大なる貢献を与える。その成功哲学の普及のため、株式会社ソフィアマインドを設立し（平成2年設立）代表取締役に就任する。数多くの著作活動やプログラム等の開発、企業研修等で全国に多くの成功者を出す。

著書に、『強運な美人になれる魔法の習慣』『みるみるよくなる「こころ」と「からだ」』『あなたの夢がみるみる叶う』（総合法令出版）、『上手なほめ方が面白いほど身につく本』『上手な叱り方が面白いほど身につく本』（中経出版）、『お金の女神に好かれる15の条件』（実業之日本社）、『大丈夫、あなたならできる！』（ダイヤモンド社）他、30冊以上ある。

願いをかなえる
シンクロニシティを起こす方法

2008年4月8日　初版発行

著　者　　**見山敏**
発行者　　**仁部　亨**
発行所　　**総合法令出版株式会社**
〒107−0052　東京都港区赤坂1−9−15
日本自転車会館2号館7階
電話　03−3584−9821㈹
振替　00140−0−69059
印刷・製本　**中央精版印刷株式会社**

ISBN978−4−86280−061−9

落丁・乱丁本はお取替えいたします。
総合法令出版ホームページ　http://www.horei.com/